拿破崙希爾

成功定律

The Law of Success

珍藏版

拿破崙・希爾——著　葉凱新——譯

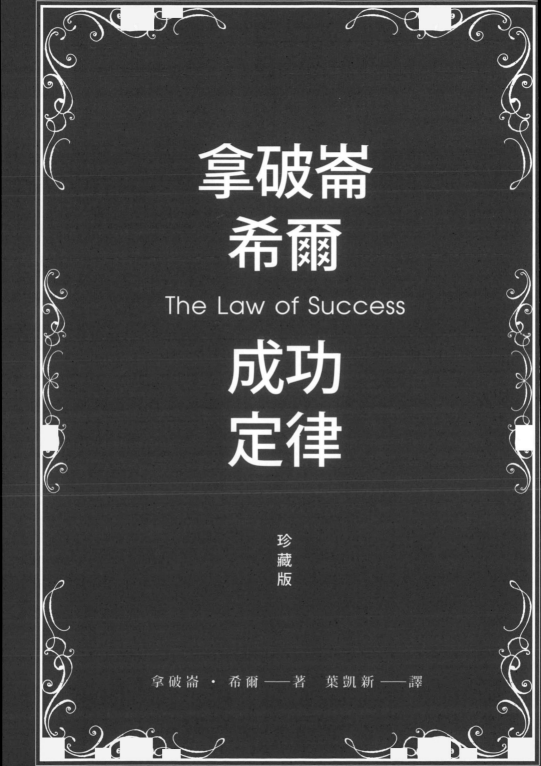

導讀

拿破崙．希爾（Napoleon Hill）出生於貧寒之家，後來成為美國最知名作家之一，曾擔任美國兩任總統顧問，在人際學、創造學、成功學等領域具有歷史性的地位。

一九三七年希爾完成了《思考致富聖經》一書，全世界至今有數億讀者，受到極高的推崇。經過數十年的研究，希爾歸納出本書《積極態度成功聖經》關於成功最有價值的「十七條成功定律」，又稱為「十七條成功黃金定律」，包括：

1. 積極的態度（Positive Mental Attitude, PMA）。
2. 設定明確目標。
3. 加倍努力。
4. 正確的思考。
5. 加倍付出。
6. 自律。
7. 建立智囊團。
8. 運用信念。
9. 愉快的個性。

10. 充滿熱情。
11. 專心致志。
12. 團隊合作。
13. 記取失敗教訓。
14. 創新思維。
15. 精打細算時間和金錢。
16. 保持身心健康。
17. 運用宇宙慣性定律（宇宙通則）。

這十七條成功定律，涵蓋了人類取得成功的所有主觀因素，使「成功學」變得具體可實現，不再只是空泛的學問。無疑為千萬人們建造了一條通往成功之路的十七個堅實階梯。

為了實踐他的理念，希爾創立了「拿破崙．希爾基金會」，成為美國成功人士的進修學院；希爾也被譽為「百萬富翁的創造者」，十七條定律則被譽為「打造富豪的定律」。

拿破崙．希爾曾以十七條定律作實驗，訓練三千名毫無經驗的推銷員。不到六個月，全部的人都各自賺進100萬美元，還饋贈希爾3萬美元作為酬謝。

在美國政商界中，凡是金錢和權勢的角逐成功者，每一個人都受到十七條定律的影響。包括：美國第26任總統希歐多爾．羅斯福、第27任總統威廉．豪沃．塔夫脫、第28任總統富蘭克林．羅斯福、第32任總統伍德羅．威爾遜、汽車大王亨利．福特、石油大王洛克菲勒、出版大王海福納、柯達公司總裁伊士曼等人，都是「十七條成功定律」的印證者、受益者和支持者。

印度聖雄甘地亦曾與希爾博士會面，並閱讀他的著作，然後下令全國學習拿破崙．希爾的成功學，希望借此幫助印度脫離貧窮。

對於希爾的成就，人際學大師卡內基非常讚賞，曾說：「我一生的最大成就之一，是幫助了希爾完成了他的成功學，這比我的財富更重要，他的成功學，是一個經濟的哲學，不同於蘇格拉底．柏拉圖與傳統西方思想史的哲學體系。它不僅是一個幫助人們脫離貧困，實現經濟富裕的方法，更是一門幫助人們建立完善人格、享受豐盛人生的重要學問」。

發明家愛迪生曾經寫信給希爾：「我感謝您花了這麼長的時間完成成功學……這是一個健全的哲學，追隨您學習的人，將會獲得很大的效益。」

拿破崙．希爾的《積極態度成功聖經》，告訴我們最重要一個道理，便是「你相信什麼，就能實現什麼」。希望讀者都能默記「十七條成功定律」，完成豐富而充實的人生！

前言

無論你做任何事，都會有所成就，本書將告訴你邁向成功的方法

本書《拿破崙・希爾成功定律》是根據一九二八年最早的作品《成功定律》（The Law of Success）所改編，時年45歲。希爾針對十七項成功定律，做了最實際而深具啟發性的檢驗，這十七條定律都是已經擁有持久成就的人，在行為和態度上不可或缺的要素，如果你能使這些法則都變成行為和態度的一部分，你也會實現所有值得實現的目標。

美國鋼鐵大王安德魯・卡內基（Andrew Carnegie）曾是一家鋼鐵公司的創辦人和慈善家，並貢獻力量幫助美國鋼鐵公司的成立。一九〇八年，他交待年輕時期的希爾一份須耗費其一生才能完成的工作——收集並且分析使美國早期偉大人物能持久成功的特質。此後希爾便僅憑著卡內基的介紹和自己堅忍不拔的精神，訪問了五百多位成功的人物，並且擷取他們的智慧精華，編纂《成功定律》（Law of Success）的邏輯架構。全書共八大冊、一五〇〇頁，堪稱巨作。

希爾從亨利·福特、愛迪生、威爾遜和羅斯福等成功人士，學到了無價的洞察力，他同時也了解每個人所遭遇到的種種困境：他發現亨利·福特有著令人難以忍受的個性；他看到並且了解愛迪生和他幾近耳聾的事實奮戰的情景；雖然他在經濟蕭條期間，努力為羅斯福總統工作，以拯救這個國家，但他還是強烈反對總統的許多計劃，希爾認為這些計劃太少強調個人的努力會誘使美國人依賴他人而不依賴自己，但是經過和這些人共事、交談與觀察之後，希爾學到了許多寶貴的經驗，這些經驗的價值，遠超過這些人的成就的總和。

一九三七年，希爾將《成功定律》精簡濃縮，出版成功學勵志書籍《思考致富聖經》（Think and Grow Rich）。本書對於成功之路的簡明闡釋，會予人一種直接的感受。作者以日常口語的寫作方式、比喻及各種鼓勵的話，列出了為達到個人成就所需要的技術。拿破崙·希爾的鉅作至今依然吸引數以千萬計的新仰慕者，而這些人也因為看了希爾的著作，而使自己的生活變得愈來愈好。

隨著智慧的成長，以及在希爾遇到更多以此觀點做為生活基礎的人之後，希爾更能不斷地以精益求精的精神，修改他的哲學觀點，他經常利用演講、授課和寫文章，做為他闡釋新觀念的主要方法。他畢生的精力，盡可能地用直接且現身說法的方式，傳播成功的福音。

我們將在本書中告訴你，拿破崙·希爾應用十七條成功定律的技巧，和培養這些定律的方法，並且使你能夠洞察這些法則對你生活的影響。

你將可以從本書中得到一些簡單易懂的指引、敏銳的洞察力以及許多可使你改善目前狀況，並且變得比以前更好的機會。當你在閱讀本書時，應時時不忘拿破崙・希爾的基本處世準則（也就是他的中心思想）。如果能夠做到這些，你就能體驗到前人曾經經歷過的成功滋味。

凡是你心裡所能想像，並且相信的，終必能夠實現。

目錄

第五章 加倍付出

第六章 加倍努力

第一章

積極的態度

積極態度是十七條成功定律中的第一條，也是最重要的一條，你可將此一定律運用到任何工作上，如果你不了解如何應用積極態度，就無法從其他十六條定律中得到最大的效益。

兩個信封的選擇

每個人出生的第一天，就面臨了兩個信封的選擇。其中一個信封上寫著「報酬」二字；而另一個信封則寫著「懲罰」二字。第一個信封裝著你運用自己的心思意念所能獲得的所有好處，第二個信封則裝著如果你不好好控制你的心思意念，並導引它為你的目標服務時，所得到的效應。

再將上一段多唸幾遍，它所傳達的訊息是非常重要的。

本章將打開這兩個信封，並將當中的東西倒出來，你會發現這兩個信封是真實存在的，而且它們所裝的報酬和懲罰也是真實存在的。

自然界厭惡的兩件事：真空和遊手好閒。如果你不運用肌肉，肌肉就會退化，最後變得不堪使用。同樣的，如果你不運用你的心思意念，你的心思意念一樣會退化，最後並且變成不堪使用。除非你能將你的心思意念集中在你所渴望的目標上，並依照達成目標的計畫來思想和行動，否則你的頭腦和生命，將會屈服在過去經驗的陰影之下無法自拔，而且心智也無法積極地做任何事情。

也許你聽過像這樣的諺語：「成功吸引更多成功，而失敗帶來更多失敗。」這句話真是一語中的。為成功而努力會使你更有能力邁向成功。如果你什麼也不做，坐等失敗的話，只會使你遭受更多的失敗而已。

如果你以積極態度發揮你的心智，並且相信成功是你的權利，你的信心就會使你成就所有訂定的明確目標。但是如果你接受了消極態度，並且滿腦子想的都是恐懼和挫折的話，那麼你所得到的也都只是恐懼和失敗而已。

這就是態度的力量。為什麼不選擇積極態度呢？

積極態度的回報

如果你能掌握思想，態度積極，並導引它為你的明確目標服務，你就能享受：

1. 為你造就成功環境的成功意識
2. 生理和心理的健康
3. 獨立的經濟
4. 出於愛心而且能實現自我的工作

5. 內心的平靜
6. 驅除恐懼的信心
7. 長久的友誼
8. 長壽而且各方面都能取得平衡的健康生活
9. 免於自我設限
10. 了解自己和他人的智慧

消極態度的懲罰

如果你所抱持的是消極態度，而且縱容它為你的目標服務時，你將會嚐到：

1. 生命的貧窮和悲慘
2. 生理和心理疾病
3. 使你變為平庸的自我設限
4. 恐懼和所有具有破壞性的結果
5. 痛恨你幫助自己的方法
6. 敵人多、朋友少的處境

7. 人類所知的各種煩惱
8. 成為所有負面影響的犧牲品
9. 屈服在他人意志之下
10. 對人類沒有貢獻的頹廢生活

你會選哪一個信封呢？如果你不選擇第一個信封，並且緊緊地抓住它的話，那麼第二個信封就會被迫自動送上門來。二者之間沒有任何折衷和妥協，你必須選擇！

如何發揮積極態度

你必須擁有積極態度，以使你的生命按照你的意思提供報酬，沒有了積極態度就無法成就任何大事。

記住，你的態度是你——而且只有你——唯一能完全掌控的東西。練習控制你的態度，並且利用積極態度來導引它。

1. 切斷和你過去失敗經驗的所有關係，消除你腦海中和積極態度背道而馳的所有不良因素。

2. 找出你一生中最希望得到的東西，並立即著手去得到它。藉著幫助他人得到同樣好處的方法，去追尋你的目標。並將加倍付出的定律，應用到實際行動之中。

3.確定你需要的資源之後，便訂定得到這些資源的計畫。然而所訂的計畫必須不要太過度，也不要太不足，別認為自己要求得太少。記住：貪婪是使野心家失敗的最主要因素。

4.培養自己每天說或做一些使他人感到舒服的話或事。你可以利用電話、明信片或一些簡單的善意動作達到此一目的。例如給他人一本勵志的書，就是為他帶來一些可使他的生命充滿奇蹟的東西。日行一善，可永遠保持無憂無慮的心情。

5.使你自己了解打倒你的不是挫折，而是你面對挫折時所抱持的態度。訓練自己，在每一次的不如意中，都能發現相等或更大利益的種子。

6.務必使自己養成精益求精的習慣，並以你的愛心和熱情發揮這項習慣，如果能使這種習慣變成一種嗜好那是最好不過的了。如果不能的話，至少你應記住：懶散的態度，很快就會變成消極態度。

7.當你找不到解決問題的答案時，不妨幫助他人解決他的問題，並從中找尋你所需要的答案。在你幫助他人解決問題的同時，你也正在洞察解決自己問題的方法。

8.徹底地「盤點」一次你的財產，你會發現你所擁有的最有價值的財產就是健全的思想，有了它你就可以決定自己的命運。

9.與你曾經以不合理態度冒犯過的人聯絡，並向對方致上最誠摯的歉意。這項任務愈困難，你就愈能在完成道歉時，擺脫內心的消極態度。

10. 我們在這個世界上到底能占有多少份量，是和我們為他人利益所提供之服務的質與量，以及提供服務時所表現出來的態度，成正比的關係。

11. 改掉你的壞習慣，連續一個月每天戒除一項惡習，並在一個月結束時反省一下成果。如果你需要顧問或資助團體的幫助時，切勿讓你的自尊心使你怯步。

12. 要知道自憐是獨立精神的毀滅者，請相信你自己才是唯一可以隨時依靠的人。

13. 把你一生當中發生的所有事件，都看成是激勵你上進而發生的事件。因為只要你能給時間處理你煩惱的機會，即使是最悲傷的經驗，也會為你帶來最多的財富。

14. 放棄想要控制別人的念頭，在這個念頭摧毀你之前，先摧毀它，把你的精力轉而用來自律。

15. 把你的全部思想用來做想要做的事，而不要留半點思想空間給那些胡思亂想的念頭。

16. 藉著每天感恩的祈禱，來調整你的思想，以使它為你帶來想要的事物和環境。

17. 主動向每天的生活索取合理的回報，而不要被動等待回報跑到你的手中。你會因為得到許多想要的東西而感到驚訝——雖然你可能一直都沒有察覺到。

18. 以適合你生理和心理的方式生活，別浪費時間以免被淘汰。

19. 除非有人願意以足夠的證據，證明他的建議具有一定的可靠性，否則別接受任何人的建議。你將會因為謹慎而避免被誤導，或被當成傻瓜。

20.務必了解人的力量並非全然來自物質而已，印度聖雄甘地領導人民爭取自由所靠的並非財富。

21.多多活動以持有健康。生理上的疾病很容易造成心理的失調。你的身體應和你的思想一樣保持活動，以維持積極的衝勁。

22.增加自己的耐性，並以開闊的心胸包容所有事物。同時也應和各種族和信仰的人多接觸，學習接受他人的本性，而不要一味地要求他人照著你的意思行事。

23.你應承認，「愛」是你生理和心理疾病的最佳藥物。愛會改變並且調適你體內的化學元素，以使它們有助你表現出積極態度。愛也會擴展你的包容力，接受愛的最好方法就是付出你自己的愛。

24.以相同或更多的價值回報給你好處的人。「報酬增加律」最後會回饋給你，為你帶來好處，而且可能會為你帶來所有獲取事物的能力。

25.記住，只要付出，必然會得到等價或更高價值的東西。抱著這種念頭，可使你驅除對年老的恐懼。一個最好的例子就是，青春消逝，但換來的卻是智慧。

26.你要相信你可以為所有的問題，找到適當的解決方法。但也要注意你所找到的解決方法，未必都是你想要的解決方法。

27.參考別人的例子，提醒自己任何不利情況，都是可以克服的。雖然愛迪生只接受過三個月的正規教育，但他卻是最偉大的發明家。雖然海倫・凱勒失去了視覺、聽覺和說話能力，但她卻鼓舞了億萬人。明確目標的力量必然勝過任何限制。

28. 對於善意的批評應採取接受的態度，避免消極反應。把握機會學習，從別人的角度看自己，利用這種機會做一番反省，並找出應該改善的地方。別害怕批評，你應勇敢地面對它。

29. 和其他獻身於成功定律的人組成智囊團，討論你們的進度和遠景，並從更寬廣的經驗中獲取好處，務必從積極的角度出發進行討論。

30. 分辨清楚祈願（Wishing）、希望（Hoping）、欲望（Desiring）以及強烈欲望（a burning Desire）達到目標之間的差別。其中只有強烈的欲望會給你驅動力，而且只有積極的態度才能供給驅動力產生所需要的燃料。

31. 避免任何具有負面意義的說話方式，尤其應根除吹毛求疵、閒言閒語或中傷他人名譽的行為，這些行為會使你的心態轉往消極發展。

32. 鍛鍊你的意念，使它能夠導引你的命運朝著你希望的方向發展。掌握住「報酬」信封裡的每一項利益，並將它們據為己有。

33. 隨時隨地都應表現出真實的自己，沒有人會相信騙子的。

34. 相信無窮智慧的存在，它會使你產生力量，為明確目標奮鬥而努力，這力量能掌握並導引你的思想意念。

35. 相信你有自我掌握和解決問題的能力。藉著這種信心，做為行事的基礎，並將它應用在工作上。現在就做！

36. 相信民主政體，可以保證你擁有追求明確目標所需要的自由和權利。必要時你應採取行動，維護你的自由。

37. 信任和你共事的人，並承認如果和你共事的人不值得信任時，就表示你選錯人了。

38. 最後，連續六個月、每週閱讀本章一次。六個月之後你將會脫胎換骨。當你學會本章所要求的良好習慣，並且調適好你的心思意念之後，你的心理便會隨時處於積極狀態。

百分之二的成功者

絕大多數的人都不了解祈願（Wishing）和確信（Believing）之間的差別。他們從未執行成就欲望六步驟，來運用他們的心思意念。以下將概略說明這六個步驟，並且加入我以一生的歲月，對那些採行這六步驟的人，所做的觀察結果。

第一步：大多數的人在一生中都是對某些事懷著一種「祈願」的心情而已。這些祈願就像一陣風般，無法成就任何事情，抱著這種態度的人佔了七十％。

第二步：有少數人將他們的祈願轉變成欲望（Desires），他們經常想著那件事，但也僅只而已，這樣的人佔了十％。

第三步：把祈願和欲望轉變成「希望」（Hopes）的人就更少了，而且他們不敢想像，有一天他們的美夢可能成真，估計這種人佔了八％。

第四步：極少數人把希望轉變成一種堅定不移的「信念」（Belief），他們期待真的能得到所想要的，這些人佔了六％。

第五步：為數更少的人將他們的祈願、欲望和希望轉變成信念之後，又再進一步將信念轉變成熾烈的欲望（Burning desire），最後轉變成一種「信心」（Faith），這種人佔了四％。

第六步：最後，只有極少極少的人在採取上述最後兩個步驟之後，還能進一步擬定達成目標的計畫，並促其實現。他們以積極的態度來運用他們的信心。這種人只佔二％。

最傑出的領袖必然是實踐第六步驟的人，他們了解心智的力量，進而掌握此一力量，並導引這股力量，為自己所設定的明確目標服務。當你採取第六個步驟時，「不可能」這個詞彙對你將不再具有任何意義，因為每件事對你來說都是「可能」的，而你也將成功實現你的計畫。

加入百分之二俱樂部

想要加入「百分之二俱樂部」，超越其他98％的人，你應具備的條件如下：

1.調整你自己以期能配合他人的心理和特性。觀察狗兒是如何快速地調適自己，以配合主人的情緒，並學習牠們的自我控制能力。

2.不要計較你和他人之間微不足道的一些小事，不要讓這種小事變成爭議。大人物從不計較不重要的事情。

3.每天應做的第一件事，就是運用建立積極態度的技巧，去掌控你的心理，並且整天都要保持積極態度。

4.學習間接推銷自己的方法，運用說服與例證，而不要強迫推銷。

5.以誠摯的笑聲紓解憤怒的情緒。

6.分析你所有失敗的事例，並找出失敗的原因。在不如意時，應尋找其中相等或更大利益的種子。

7.把注意力放在「辦得到」的層面上，除非你真的面臨「辦不到」的事實，否則根本別去擔心這個問題。「辦得到」的態度，為你點亮成功之路。

8. 在所有失意中尋找機會，並使它成為一種自動自發的習慣。果真如此，你就會嚐到更多成功的果實。

9. 記住，人是不可能永遠成功的。當你無法完全得到你所想要的東西時，應先做更多的自我了解，以期收穫更豐。

10. 把生命看成是不斷學習的過程，即使是不好的經驗也具有正面的學習意義。

11. 記住，你所釋放出來的任何意念，都將會加倍回報到你的身上。故必須控制你的意念，並確定你所發送的，正是你所希望得到的。

12. 要和消極態度斷絕來往，這種態度只會侵蝕你的心靈，並且摧毀你所採取的每一步行動。

13. 要了解你個性中的二元性，你具備「充分確信」的積極面，同時也具備「完全不信」的消極面，務必實踐第一種個性，然後第二種個性將會自動消滅。

14. 當你察覺因著祈禱的靈驗，而感到充滿自信時，就是在認同祈禱的價值。但這種認知的過程，需要最高層次的積極態度。

從以上的說明中，你可看出積極態度是多麼值得擁有，並且可連帶強化諸多和個人成就息息相關的定律。你必須設定明確目標，將信心運用到這些目標上，並且以積極態度為基礎，展現你的進取心。本書將告訴你所有維繫並持續積極態度的方法。成功是一種複雜的有機過程，當你能奉行其中一條定律時，其他定律便能循序達成。

第二章

設定明確目標

你想要邁向成功嗎？請先問自己一個問題：你的目標是什麼？

設定明確的目標，是所有成就的起點。大多數人之所以失敗的原因，就在於他們從來都沒有設定明確的目標，並且也從來沒有踏出他們的第一步。

當你研究那些已獲得長久成功的人物時，你會發現，他們每一個人不但都各有一套明確的目標，也都已訂出達到目標的計畫，並且花費最大的心思，和付出最大的努力來實現他們的目標。

美國鋼鐵大王安德魯・卡內基是引領我設定明確目標的人，協助我編寫並出版偉大人物達到持久成功所依循的各條定律。

卡內基原本是一家鋼鐵廠的工人，但他憑著製造及銷售比其他同業更高品質鋼鐵的明確目標，而成為全美最富有的人之一，並且有能力在全美國城鎮中捐蓋圖書館。他的明確目標已不只是一個願望（wish）而已，它已形成了一股熾烈的欲望（burning desire）。只有發掘出你的熾烈欲望才能使你獲得成功。

認識「願望」和「熾烈欲望」之間的差異是極為重要的。我們每個人都希望得到更好的東西——如金錢、名譽、尊重——但是大多數的人都僅把這些希望當作一種願望而已，如果你知道你希望得到的是什麼，如果你對達到目標的堅定性已到了執著的程度，而且能以不斷地努力和穩健的計畫，來支持這份執著的話，那你就已經是在發展你的明確目標。

轉化內心的巨大潛能

本書最重要的部分，不是書中所寫的字句篇章，而是已經存在於你心中的那一部分，一旦你學會如何駕馭內心裡的巨大潛能，以及如何組織已經擁有的知識，你就能將它們變為達成明確目標所不可或缺的力量。

美國有句諺語說道：

「如果你只想欣賞幾天，就種花；
如果你只想享受幾年，就種樹；
如果你想流傳千秋萬世，就種植觀念！」

本書的目的，在於引領你的內心去思考一些觀念。這些觀念將使你認識你的另外一面——能洞察天賦的精神力量，並且絕不接受或承認失敗的一面。它會激發你堅忍不拔、勇往直前的精神，以及提出所有合理主張的勇氣。

一如愛默生（Ralph Waldo Emerson）所說：「單一個觀念產生的力量，就可能超過一世紀以來所有人、動物和引擎所產生的力量。」務必使你的觀念和明確目標發揮作用。

明確目標的優點

從明確目標會發展出自力更生、進取心、想像力、熱情、自律和全力以赴，這些全都是成功的必備條件。你將從本書學到這些特質而來的優點，以及如何培養和發揮這些方法，並將它們納入成功的計畫中。

除此之外，明確目標還具備下列的優點：

◆專業化

明確目標鼓勵你行動專業化，而專業化可使你的行動達到完美的程度。

你對於特定領域的領悟能力，以及在此一領域中的執行能力，深深影響你一生的成就。一般教育之所以重要，就在於它可使我們發現自己的基本性向和欲望，然而一旦你確定自己的性向和欲望之後，便應立即學習相關的專業知識。而明確目標就好像一塊磁鐵，它能把達到成功必備的專業知識吸到你這裡來。

◆預算時間和金錢

一旦你確定了明確目標之後，就應開始預算你的時間和金錢，並安排每天應付出的努力，以期達到此一目標。由於經過時間安排之後，每一分、每一秒都有進步，故時間安排必然會為你帶來效益；同樣的，金錢的運用也應該有助於明確目標的達成，並確保你能順利地邁向成功。

◆對機會的敏感度

明確目標會使你對機會抱著高度的敏感，並促使你抓住這些機會。

愛德華・巴克（Edward Bok）是一位移民到美國，以寫作維生的作家，他在美國創立了一家以寫作短篇傳記為主的公司，並僱有六人。

有一天晚上，當他在歌劇院時，他發現節目表的印製非常差，太大張，使用起來非常不方便，而且一點吸引力也沒有。當時他就興起想印製面積較小，使用方便、美觀，而且文字更吸引人的節目表的念頭。

於是第二天，他準備了一份自行設計的節目表樣本，給劇院經理過目，表示不但願意提供品質較佳的節目表，同時還願意免費提供，以便取得獨家印製權；而節目表中的廣告收入，足以彌補這些成本，並且還能使雙方獲利。

劇院經理同意使用他的新節目表，他很快和所有城內的歌劇院都簽了約，這門生意日後欣欣向榮。最後擴大營業項目，並且創辦了好幾份雜誌，而巴克也在此時成為《婦女家庭雜誌》（Ladies' Home Journal）的主編。

如果你能像發現別人的缺點一樣，快速地發現機會，那你就能很快成功。

◆決斷力

成功的人能迅速地做出決定，並且不會輕易變更；而失敗的人做決定時往往很慢，且經常變更決定的內容。

記住：有百分之九十九的人，從來沒有為一生中的重要目標做過決定；他們就是無法自行做主，並且貫徹自己的決定。

但是，要如何克服不願意做決定的習慣呢？

你可以先找出你所面臨最迫切的問題，並且對此問題做出決定。無論做出什麼樣的決定都可以，因為有決定總比沒有決定要好。即使開始時做了一些錯誤的決定，也沒有關係，日後你做出正確決定的機率會愈來愈多。

當然，如果能夠事先確定你的目標，將有助於做出正確的決定，因為你可隨時判斷所做的決定是否有利於目標的達成。

◆合作

明確目標可使你的言行和性格散發出一種信賴感，這種信賴感會吸引他人的注意，並促進他人與你合作。

那些無法決定自己重要目標的人，會受到那些自行做出決定的人的鼓舞，而那些少數已踏上成功之路的人，會辨認出誰才是成功之路的伴侶，而且願意幫助他們。

◆信心

明確目標的最大優點就是它能使你敞開心胸接納「信心」這項特質。而信心能使你的態度變得積極，並使你脫離懷疑、沮喪、猶豫不決和拖延的束縛。

這些束縛是你必須面對的主要障礙之一，在後幾章我們將詳細說明克服這些障礙的方法。然而，對自己有信心，並且相信造物主創造宇宙的目的，在於使人類得以發揮最大潛力的事實，將有助於你克服這些障礙，別猶豫！現在就開始。

◆成功意識

成功意識是一個與信心關係密切的優點，此一意識會使你的腦海充滿成功的信念，並且拒絕接受任何失敗。

多年前，美國猶他州鹽湖城住了一位年輕人，他具有勤勞和節儉的美德，並因而獲得許多讚美。但他的一項舉動使他的朋友們都認為他瘋了；他從銀行領出所有的存款到紐約參觀汽車展，回來時還買了一輛新車。

更糟糕的是，當他回到家之後便立刻把車停到車庫中，並將每個零件都拆卸下來，在檢視完每個零件之後，他再把車子組裝回去。

那些旁觀的鄰居都認為他的行為實在太不正常了，而當他一再反覆拆卸組裝的動作時，這些旁觀者就更加確定他真的瘋了。

這個人就是克萊斯勒（Walter P. Chrysler），他的鹽湖城鄰居們，不太瞭解隱藏在他瘋狂行為中的動機，大家從來都沒有聽過什麼明確目標，也無法理解成功意識對一個人成功的重大影響力，也因為如此，沒有一家大公司或摩天大樓，是以他的鹽湖城鄰居之名而命名的。

潛意識的力量

經過一再努力而留存在意識中，並且因為強烈的實現欲望而支配的觀念、計畫或目標會被潛意識接收，並透過各種可以運用的本能和理性手段加以實現。

你有絕對權利隨時可以加以控制的唯一對象，就是你的態度。這裡所謂的「控制權利」是表示你「可以」控制，但並不表示你真的已控制。你必須學習運用此一權利並將它變成一種習慣。

內心裡的意識是進行推理和思考的場所，它會分析各種資訊和數據並且導引通往潛意識之路，意識是經驗發展的結果。

但潛意識不會思考、推理或考慮什麼事情，它只會本能地對基本情緒做出反應。人與人之間之所以有差別的原因，就在於每個人訓練意識的方法有所不同，但我們的潛意識卻是非常類似的。

如果把潛意識比喻成一輛汽車的話，那意識就是駕駛，汽車的動力在車內而不是在駕駛身上，駕駛必須學習釋出，並且導引這股力量。

意識在強烈情緒激盪下，會將各種影像傳給潛意識並被接收，就好像照相機一樣：意識扮演著鏡頭的角色，對準你的欲望影像，並把它映照在潛意識的底片上。

想要用這照相機照出美麗的照片，同樣也必須遵守一般的照相原理：焦距必須對準，曝光必須良好，時間必須拿捏準確。

想要對準焦距，必須先具備清晰的明確目標，照片的構圖必須謹慎精確，而且決定構圖內容的，不是別人而是你自己。曝光時間的長短，深受曝光當時欲望強度的影響，有經驗的攝影師，很少對重要的影像只照一張相片；他們會一再地照同樣的影像，直到得到他們所希望的照片為止。

以潛意識對著欲望影像一再曝光，是很重要的一個步驟，你必須反覆進行同樣的過程，直到正確的影像被傳送到潛意識為止。

當你將影像映照到潛意識時，不要害怕使自己處於一種情緒高昂的狀態，如果你的目標是值得追求的話，就不要害怕這種自我暗示的現象。你將計畫投射在潛意識上的強度，直接影響到潛意識激勵你採取正確步驟，邁向成功的速度。

將明確目標運用於工作

使潛意識發揮作用，只是邁向成功的一小步而已。如果你不能說服他人與你合作，而且又無法遵守嚴格標準，一樣不會成功的，在後面幾章中將詳細說明這些標準。

假設你已經設定了明確目標，接下來你可能會問：「在哪裡可以得到執行計畫所需要的資源？」

從貧窮到富有，第一步總是最困難的。其中的關鍵，在於你必須了解，所有財富和物質的獲得，都必須先建立清晰且明確的目標。

當目標的追求變成一種執著時，你就會發現，你所有的行動都會帶領你朝著這個目標邁進。

鋼鐵大王卡內基就是一個很好的例子，當他決定要製造鋼鐵時，腦海中便不時閃現此一欲望，並變成他生命中的動力。接著他尋求一位朋友的合作，由於這位朋友深受卡內基執著力量的感動，便貢獻自己的力量，這兩個人的共同熱情，最後再說服另外兩個人加入行列。

這四個人最後形成卡內基鋼鐵王國的核心人物，他們建立了一個智囊團，籌足了為達到目標所需要的資金，而最後每個人都成為巨富。

但這四個人的成功關鍵，並不只是「辛勤工作」而已，你可能也發現到，有些人和你一樣辛勤工作——甚至比你更努力——但卻沒有成功。教育也不是關鍵性的因素，華爾頓從來沒有拿過羅德獎學金，但是他賺的錢，比所有唸過哈佛大學的人都多。

偉大的成就，是來自於積極態度（positive mental atitude, PMA）的了解和運用。無論你做任何一件事，你的態度都會給你一定的力量。

抱持著積極態度，意謂著你的行為和思想有助於目標的達成；而抱持消極態度，則意謂你的行為和思想不斷地抵消你所付出的努力。

當你將欲望變成執著，並且設定明確目標的同時，也應該建立並發揮你的積極態度。

但是設定明確目標和建立積極態度，並不表示你馬上就能得到你所需要的資源。你得到這些資源的速度，須視需要範圍的大小，以及你控制心境使其免於恐懼、懷疑和自我設限的情形而定。

如果你只需要一萬元來實現你的明確目標，可能在很短的時間內就籌得；但是，如果是一百萬元，可能就得花較長的時間了。

在此一過程的一項重要變數是，你要拿什麼來交換這一萬或一百萬元，提供相對服務或其他等價物的時間，對取得資源的速度快慢也是相當重要的。你必須清楚地了解在你「取得」之前應「付出」些什麼。

以明確目標集合智囊團

沒有人可以不勞而獲，投資人總是希望能得到回報：產品、服務或增加自己的資本，你不可能一夕成功。

事實上，如果你不給那些幫助過你的人適當的回報，就不算真正的成功；你在訂立明確目標時，應將「回報」因素列入考慮。

你可能會同意我的看法，並決定把回報因素列入考慮，除非你的頭腦曾經接受嚴格訓練，否則，光只是在腦海中有這樣的念頭是不夠的，你應該把它寫下來。

把明確目標寫下來，可使你更清楚地了解你所希望的是什麼，它可提醒你明確目標的力量，同時可暴露出目標的缺點。

如果你寫不出心中所想的明確目標，則可能意謂著，你對這個目標的確信程度還不夠。

一旦你寫出計畫之後，便應每天對自己至少大聲唸一次，這樣做不但可以加強你的執著信念，同時也可以強化內心裡的力量。

當你面臨選擇執行的方法時，唸出寫好的明確目標，可使你對目標本身有更清楚的了解，並使你確定你仍然朝著目標前進。

當建立智囊團之後，你也可以利用書面計畫，來確保每一位小組成員都能為相同的目標努力。

個人的能力有限，但若能以共同的明確目標為基礎，集合眾人的才智，並以和諧的精神邁進目標，則必能成就偉大的事業。

成功是值得追求的目標

有些人對於「追求成功」一事，抱著惡意批評的態度，他們認為富有的人，都是以犧牲他人做為致富的跳板。但是一個人想要成功，就必須付出大多數人不想付出的努力。

一個人想要靠錢致富之前，必須先賺到一筆錢。我們看過許多彩券中獎者在獲得意外之財後數年就破產，以及鉅額財產的繼承人，沉溺於酒精或賭博的例子。

因成功而致富的價值，在於追求成功的過程中，我們會學到一些經驗和教訓。在這過程中，你會了解只有當你願意承擔重任，而且願意不斷地付出真實價值的財貨和勞務時，才會獲得成功。

大多數的人，都不願意為明確目標做出奉獻。

假設你提供一筆財富，給那些願意和你一樣付出的人，大多數都不願意承擔責任，但有些人會願意。

那些願意承擔責任的人，會為你帶來莫大的助益，他們會提供你各種幫助，而其中的價值，必定遠超過那些容易滿足者所提供的幫助。

這些人會因為願意為你分憂解勞，而成為你不可缺少的助手，你應該慷慨地給這些人回報，這種願意付出的人會了解到，他們是靠著工作品質，來決定薪水的多寡。

其實，每個人都是一樣的，薪水的多寡，必須由個人所提供的勞務數量、品質以及個人的工作態度來決定。

以「保住飯碗」為最高目標的人，只能靠著固定薪水勉強度日，這種人會一直在原地踏步，並且持續做一成不變的工作，這都是因為他們已在內心畫地自限。

創造機會

我們經常聽到下面這些話：現在的成功機會比以前少；我們的國家已發展到停滯的階段，而且也無法再出現更大的成就；世界已被有錢人掌控；以及，成功是有一定的範圍，而且也已經達到飽和。

但上述這些話，僅止於一種看法而已，事實上，現在的機會並不比以前少，所缺少的只是想像力而已。

無論經濟景氣與否，每年都還是有許多人致富，唯一的限制，其實只存在這些人的心中。凡是高喊「沒有機會」的人，其實是在為自己的不願承擔責任，和不願運用想像力找藉口。

提供有利於他人的東西或服務之事，無論是現在或過去，都具有相同的價值，而且每天都會出現可供發展的新領域。

在十九世紀末、二十世紀初，有一位美國國會議員提出了一項廢除專利局的法案，他所持的理由是，當時已經沒有什麼新東西要申請專利了；所有有價值的東西，都已經被人發明完了。

如果你對這位議員的看法感到好笑，也應該嘲笑那些告訴你現在已經沒有機會的人。

「追求機會」給了這個國家力量，如果你在「使自己對他人有所助益」的強烈欲望中迷失了自己的話，可經由認同你所做有益的事，而重新找回自己。

如果你忘記要使自己對他人有所助益的話，則無論你已經付出了多少，還是無法成功。讓我們來看一下那些績優公司（例如ＩＢＭ）的例子：這些公司從它們自行承擔風險的現實中，學到了一些教訓。

ＩＢＭ一度以生產高品質辦公室電腦設備，而成為眾多公司經營者不可缺少的電腦製造商。但經過數年之後，ＩＢＭ將注意力集中在容量更大的電腦上，但客戶仍然只需要提供員工個別使用的小型個人電腦。

這種現象使得ＩＢＭ的利潤急劇下降，並出現公司史上第一次的裁員行動，而公司也必須在曾經以它為龍頭的電腦業中重新來過。

ＩＢＭ所失去的是求知的欲望和意願——公司員工已不再思索客戶要的是什麼，而且他們也不費神去思考客戶的需求。

但此時有許多抱著求知欲望和意願的小電腦廠陸續進入市場，並且賺取利潤。務必要把求知欲望和意願納入你的明確目標，而且千萬別小看它的價值。

你的成就和處世哲學成正比的關係。如果你願意為你所追求的目標付出，則幫助你的人，必將會依照你的要求提供幫助，美國之所以偉大，就是因為美國人民深知此一道理。人類最寶貴的資源，不是地底下的礦藏，也不是美麗的樹林，而是結合了經驗和教育，並且以提供財貨和勞務為目的，用來改善全人類生活的態度和想像力。我們真正的財富，是無形的思考力量。

如果，你還是認為幸運才是成功的關鍵，就表示你仍然未能抓住本章的重點。雖然，有些人確實有不錯的機運，但他們通常會再度失去。至於有些人的確能一直把握住機運，那是因為他們曾經辛勤地付出代價。而這些正是你應該做的事，但是想要做到這一點，明確的目標，是不可缺少的要素。

第三章

自律

擁有積極的態度，設定明確目標之後，一個人必須達到自律的要求，在其他成功定律方面必然才會有所進步。自律要求自我認識以及對自己能力的正確評估。同樣的，如果缺乏自律，其他成功定律也無法真正付諸行動。自律可說是一條管道，而你為了達到成功目標，所必須表現出來的所有個人力量，都會流經這個管道。

把你的內心想像成是一座儲存潛在力量的儲藏庫，你現在應學習釋放適當的力量，並導引到正確的方向，這就是自律的本質。

控制你的情緒

大多數的人都是先行動再思考行動後果的，自律則要求相反的程序：你將學習「謀定而後動」。

學習這種程序的主要方法，就是控制你的情緒。所有情緒都是一種心理狀態，也是你能掌控的對象。你可以想像如果不能控制那些消極情緒，會造成多麼大的危險。同樣的，如果你不能有意識地控制那些積極情緒，它們也會造成破壞性的結果。

爆炸性的威力，隱藏在這些情緒中。如果你能適當地控制這股力量，它就可能使你獲得成就；但如果你任由它自行奔放，它就可能把你扔到失敗的深淵之中，使你碎屍萬段。

在本書中，你學到明確的目標加上有推動力的動機，是所有成就的起點。這股動機必須非常強烈，促使你所有的心思和努力，都以達成明確目標為依歸……。但是你的推動力——你的情緒——也必須由你的判斷力來控制，以期你的熱情和欲望不致脫離你的智慧範圍而成為脫韁野馬。換句話說，你必須約束自己，以使得你的推動力永遠受到控制，而且會被導引到正確的管道中。

自律要求以你的理性來平衡你的情緒，也就是說在你下決定之前，你應學習兼顧你的感性和理性。有的時候應該排除所有情緒，而只接受理性的一面，而有時候你必須接受較多的感性，並用理性來做一些修飾——符合中庸之道是非常重要的。

例如那些正在熱戀中的人，他們都願意為所愛的人做任何事，此時他們很容易受到對方的擺佈。熱戀中的人很難成就什麼事情，因為他們根本沒有為自己定下什麼目標。

你也許會懷疑，熱戀時期的危險，是否意謂著，運用理性嚴格控制自己的生活，並且在做任何決定時排除一切情緒因素，是比較安全而且聰明的方法？答案當然是否定的！

別忘了情緒會為你帶來推動力，而這股動力，就是使你將決心轉變為具體行動的力量。如果你毀掉了希望和信心，那還有什麼值得愛的呢？如果你扼殺了熱情、執著和欲望，而僅存理性時，那理性還會帶來什麼好處呢？雖然僅存的理性還具備導引方向的功能，但是還有什麼好讓它導引的呢？

你必須控制並導引情緒而非摧毀情緒，況且摧毀情緒是一件不可能的事情。情緒就像河流一樣，你可以築一道堤防把它擋起來，並在控制和導引之下排放它，但卻不能永遠抑制它，否則那道堤防遲早會崩潰，並造成大災難。

你的消極態度同樣也可被控制和導引，積極態度和自律可去除其中有害的部分，而使這些消極態度能為目標貢獻力量。有的時候恐懼和憤怒會激發出更徹底的行動，但是在你釋放消極情緒（以及積極情緒）之前，務必要讓你的理性為它們做一番檢驗。缺乏理性的情緒必然是一位可怕的敵人。

是什麼力量使得情緒和理性之間能夠達到平衡呢？是意志力（或稱自我，我將在以下做更詳細的說明）。自律會教導你如何使用意志力做為理性和情緒的後盾，並強化二者的表現強度。

你的感性和思想都需要一位主宰，而你的自我就可發現這個主宰；然而只有你在發揮自律精神時，自我才會扮演好這個角色。如果沒有了自律，你的心思和感情便會隨心所欲地進行戰爭，戰爭結果當然是你會受到嚴重的傷害。

自律的益處

自律不但會控制你的情緒，並平衡你的理性，同時在下列四個重要項目上也會帶來不可思議的好處：

◆食慾

吃喝過度或接受外界對於身體健康過多的負面影響——例如藥物——會縮短你的壽命，減弱你的精力，並且會使你無法專心於工作。食慾失控的種種缺點，不必我們在此多做重複。這些缺點，足以使你下定決心將食慾納入你的自律項目之一。

◆積極態度

積極態度是可供你建立明確目標的唯一精神基礎。你可經由積極態度，吸引他人和你合作並幫助你；它同時也可藉著應用你的信心的方式，吸引無窮智慧的力量。自律可確保你所展現的態度吸引你想要的東西，並且驅除對你造成威脅的東西。

◆時間

俗話說：「浪費時間是一種罪行。」大多數的人都浪費太多時間在閒聊上。如果他們能把握這些時間的話，同樣也會得到令他人羨慕的成就。時間是你最寶貴的資產，如果你能正確地運用時間的話，那它就會像是銀行裡的錢一樣有用。但你必須在嚴格的自律要求下運用時間。最簡單的方法，就是為未來二十四小時安排時間表，並照著時間表去做，只要你有了一次經驗，以後就容易多了。

索忍尼辛是另一個憑藉著自律而產生具有衝擊力的例子。他不僅能從蘇俄古拉格集中營的數年監禁中生存下來，並且有勇氣將當時的情形寫出來。他還以嚴謹的時間表，從事寫作工作——即使他被放逐到美國時也不例外。雖然他是一位國際知名人士，而且能在餘生中享受眾人的注目，但索忍尼辛後來卻遷居到佛蒙特（Vermont）的一個小鎮，過著獨居的生活。

在他回到蘇俄參加國家的改革運動之前，他每天早晨六點鐘就起床，並在吃過簡單的早餐之後便開始寫作。中午時分，他以簡短的時間用完午餐後，又再繼續寫作到晚上，有時甚至寫到第二天黎明。他不允許電話干擾工作，甚至很少出門，索忍尼辛辛勤工作的結果，就是為了《紅輪》（The Red Wheel）的系列小說——一部非常重要的歷史敘述詩。

即使當蘇俄的壓迫者下台之後，索忍尼辛還是拒絕立即回國，因為他知道他必須完成他的著作，他沒有讓無數的上電視機會（他可利用這些機會，為他的著作做宣傳而致富）動搖他完成工作的決心。他經過集中營多年琢磨的自律功夫，令他完成了已開始的工作，並在前蘇聯解體之後，成為一位深具影響力的人物。

◆明確目標

你已經知道明確的目標，加上強而有力的動機，是所有成功的第一步。如果你還沒有訂定你的明確目標，就請你再回顧一下第二章，並寫下你一生中最希望達到的目標，以及達到目標的計畫。訂定明確目標，同時也是自律的第一步。如果你沒有訂出你想要達到的目標，即使有無窮智慧，也無法給你任何幫助。

有一則關於一位神職人員在洪水來臨時，被困在教堂閣樓裡的笑話，當洪水上漲到他周圍時，他虔誠地向上帝禱告希望上帝來救他。「上帝會來救我的。」他這樣告訴自己。

很快地有一艘船划了過來，船主叫這位神職人員游到船這邊來。「別擔心我，」他說：「上帝會來救我。」船上的人無奈地把船划走了。

洪水繼續往上漲，並且很快地就淹到膝蓋，離教堂閣樓不遠處划來另一艘船，船上的救難人員叫著這位神職人員，但他仍然回答道：「上帝會來救我。」並且更加虔誠地禱告。

就在洪水淹到他下巴時，第三艘船划了過來，雖然這艘船已划到他可以跳上船的距離，但這位神職人員仍然大叫著說：「去救別人！上帝會來救我。」這艘船也同樣無奈地划走了。

幾分鐘之後洪水淹沒了他的頭，而他當然就淹死在洪水之中，當他進入天堂之門之後，便要求立刻謁見上帝，他在上帝面前謙恭地問道：「天父，我在人間的工作尚未完成，你為什麼不救我？」

「哎呀！」上帝回答：「我還以為你想來這裡，我已經派三艘船去了，不是嗎？」

當有船來救你時，你的自律效果會促使你跳上船。

自律的力量

當我們談到力量時，你可能會想到那些擁有金錢和財富的人，但在這個世界上卻有身無分文，但屬於最有力量的人物之一——甘地。他沒有房子，沒有錢，但是他的影響力，使其他有力量的人物相較為之失色。

在你看過甘地的力量，並分析他力量來源之前，會對上面這段話感到驚訝。他花了一段很長的時間，一步一步地擊敗大英帝國。他以一種大英帝國政府不了解的力量，為他的人民從帝國手中爭取到自由，他的力量來自於五個方面：

明確目標：甘地的目標，在於使全印度人民獲得自由，他知道他要什麼，知道他一生中最大的目標是什麼，而且確信沒有人能夠擊敗他。

加倍付出：沒有人要求甘地奉獻他的一生，也沒有人付錢要他這麼做，他也沒有任何自私的目的。他並不從個人利益的角度思考問題，他不僅只是加倍付出，而是付出了千千萬萬。因為他的目標，在於嘉惠住在這個國家的四億人民，難怪他有力量。

運用信念：甘地心中對於他必將為他的人民爭取到自由一事，沒有半點疑惑，他的心思完全執著於明確目標。他的堅定目標，加上百折不撓的行動，使他能夠敞開心胸接受無窮智慧的力量。

智囊團：甘地組織了一個可能是人類有史以來最大的智囊團！由好幾百萬人的智慧所組成的團體。在這些成員中，有許多人並沒有受過正規教育，但他們每個人都有完成甘地目標的信心和強烈欲望。除了有比這更宏大的目標，這個世界上是沒有其他力量可以摧毀這個智囊團。

自律：你認為甘地如何在這麼多年當中，一直把注意力集中在他的明確目標上？在這麼長的時間裡，他必然有機會為了個人利益，去運用他的聲勢或力量；任何擁有甘地這股力量的人，都可能會好好地利用這個機會。但他的自律精神，使他願意過著樸素的生活；同樣的，他的自律精神最後使他的人民獲得自由。

思想的結構

你的思想可分為六個部分，每一部分都受到你意識的控制，了解這六個部分有助於你了解自律。

你可在次頁看到二張描繪思考過程的圖，第一張圖顯示你能控制的六個部分，第二張圖則顯示這六個部分的運作方式。

這六個部分是：

1. 自我：這是意志力的來源，它扮演著最高法院的角色，並具有推翻、修正、變更、剔除所有其他部分工作的力量。
2. 情緒：它是產生推動力並進而使你的意念、計畫和目標付諸行動的發動機。
3. 理性：你用來權衡、淘汰正確評價你的想像和情緒產物的工具。
4. 想像力：這是你賴以創造為達成目標所需要的構想、計畫和方法的部分。
5. 良知：檢驗你的意念、計畫和目標道德正義性的部分。
6. 記憶：這是儲存你所有經驗，以及所有得自無窮智慧之感官感覺和啟示的倉庫。

圖 1

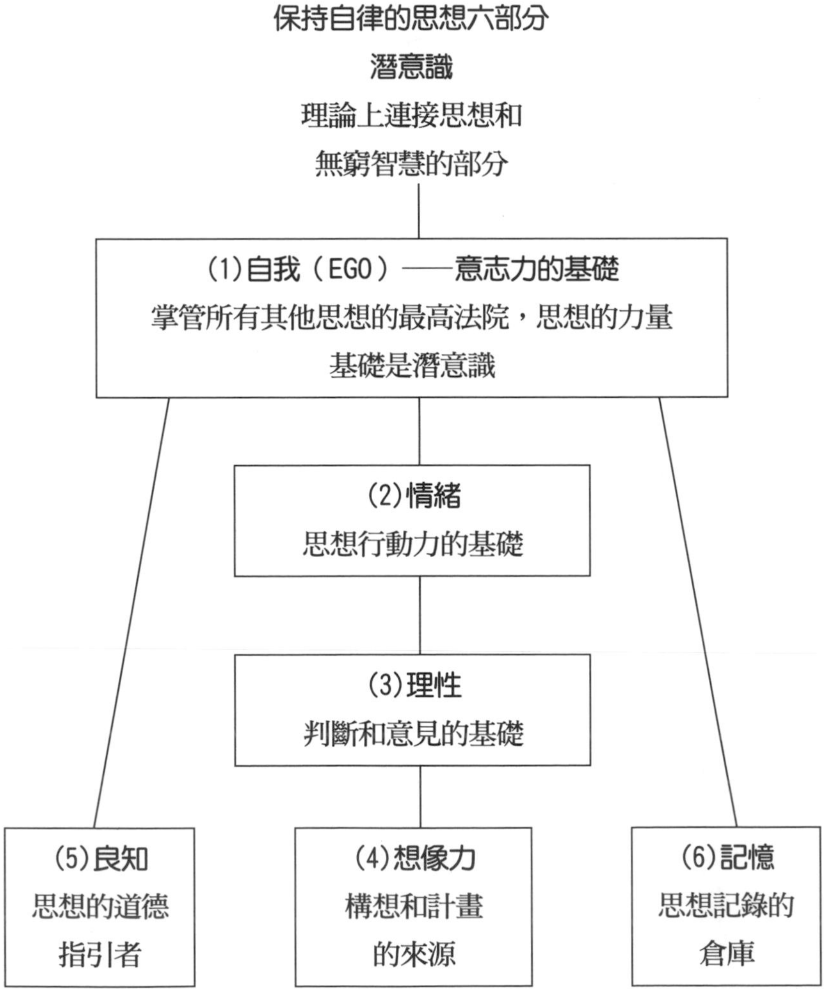
保持自律的思想六部分
潛意識
理論上連接思想和
無窮智慧的部分
(1)自我（EGO）——意志力的基礎
掌管所有其他思想的最高法院，思想的力量
基礎是潛意識
(2)情緒
思想行動力的基礎
(3)理性
判斷和意見的基礎
(5)良知
思想的道德
指引者
(4)想像力
構想和計畫
的來源
(6)記憶
思想記錄的
倉庫

圖2　意念構成的十大要素

注意：潛意識可通往所有思想的六部分，不受任何限制。

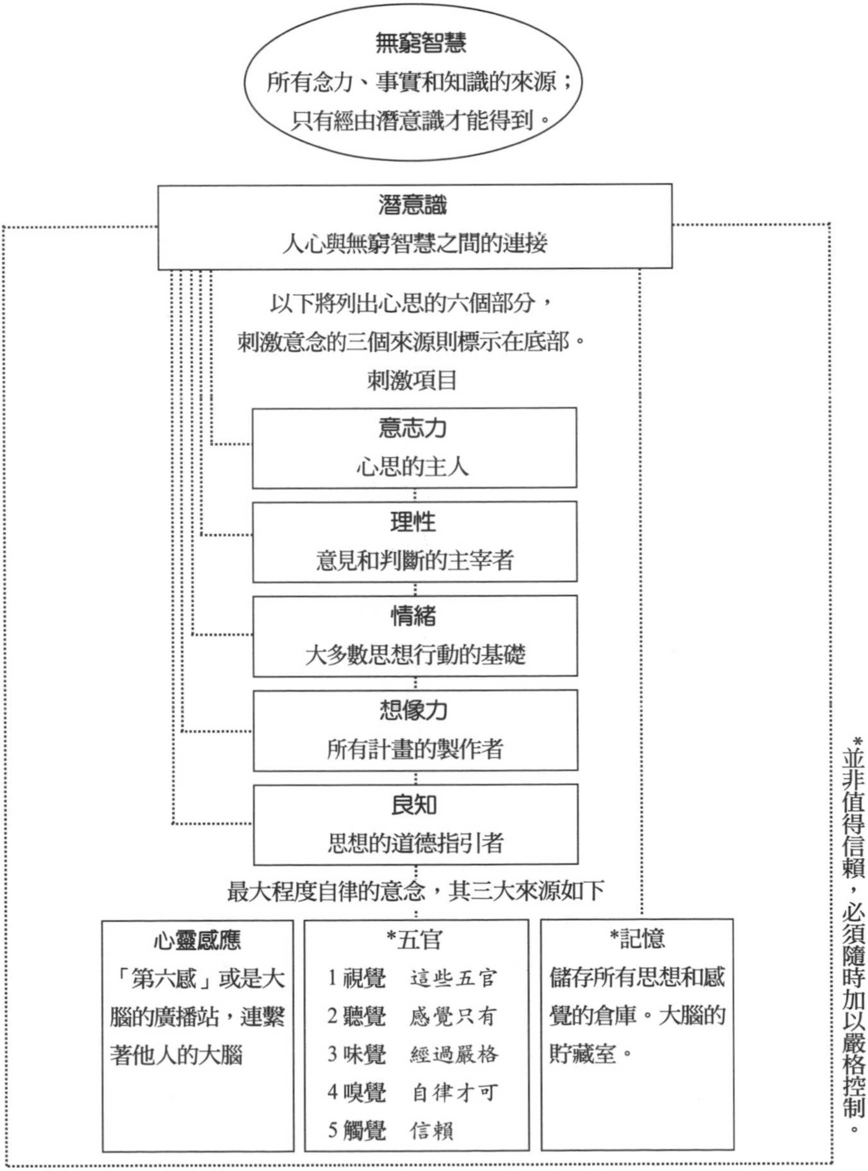

無窮智慧
所有念力、事實和知識的來源；
只有經由潛意識才能得到。

人心與無窮智慧之間的連接
以下將列出心思的六個部分，
刺激意念的三個來源則標示在底部。
刺激項目
意志力
心思的主人
理性
意見和判斷的主宰者
情緒
大多數思想行動的基礎
想像力
所有計畫的製作者
良知
思想的道德指引者
最大程度自律的意念，其三大來源如下
心靈感應
「第六感」或是大腦的廣播站，連繫著他人的大腦
*五官
1 視覺
2 聽覺
3 味覺
4 嗅覺
5 觸覺
這些五官感覺只有經過嚴格自律才可信賴
*記憶
儲存所有思想和感覺的倉庫。大腦的貯藏室。

*並非值得信賴，必須隨時加以嚴格控制。

◆自我

自我是你意志力的來源，同時也是你所擁有最有價值的東西，你的其他部分都是一些沒有多大價值的化學元素。你必須控制並且鍛鍊的自我，是一份無價之寶，它能成就任何你想成就的事——從貧窮和疾病到最燦爛輝煌的雄心壯志。

有些人的自我顯得柔弱而且缺乏勇氣，而有些則顯得過分自負，大多數人都有趨於前者的傾向，但無論是哪一種人都不會有什麼成就的。

別讓柔弱的自我使你卻步。我認識一位曾經很富有的人，因為經商失敗而淪為每週只賺幾百美元的計程車司機。雖然開計程車本身並沒有什麼不好，但是對於一位收入曾經達到六位數字的人來說，這並不是一項適當的工作。這位仁兄需要的是想辦法激發他的自我，以使他再度邁向成功。

我認識一位手指上戴著大鑽戒的婦女，這顆大鑽戒是她成功的象徵，而不是表現她的虛榮心或庸俗。她曾經貧窮過，但是這顆大鑽戒，卻時時提醒她貧窮的日子已經過去，並藉此方法強化她的自我，你也應該以她為榜樣。雖然，你不一定要用一些可看得見，或者類似鑽戒一樣昂貴的東西來提醒自己，但無論如何必須是重要而且有價值的東西。

務必要把你的自我，看成是你最寶貴的資產，並且要像保護一顆鑽石一樣地保護它。想必你不會把鑽戒隨手亂扔，任由別人來撿吧！但大多數的人，卻在每個人面前都掏出他的自我，並讓自我受到恐懼和憂慮的污染。不要讓別人知道你心中的秘密，也不要讓別人把他們的負擔加在你的身上。你必須學習保護你「裡面的我」（也就是自我）的技巧，以避免受到別人消極觀念的不良影響。

在你的自我四周有三面保護牆。最外面一層的高度，足以將無權佔用你時間的人摒除在牆外。這面牆有好幾扇門，如果有人有權利佔用你的時間時，就讓他進來，但務必要確定這個人真的有權利這樣做。

中間這面牆的高度，比第一面牆還要高，它只有一扇門，而你必須好好防守這扇門。你只能允許那些帶給你所需要的東西或具備共同點，並且可以和你相互幫助的人進來。

最裡面的牆的高度之高，無人能攀爬，而且也沒有門，你應該不讓任何人進入這面牆內。因為這面牆的功用就在於保護你的自我，如果你讓別人進入牆內時，則他會帶著你珍愛的東西離開，並且留下擔憂和焦慮。你應在你的自我四周築上這面牆，並給你自己獨處以及與無窮智慧溝通的空間。

◆情緒

在本章開始時，我們談到用理性來平衡情緒的必要性，在這裡我們將討論情緒不同的一面。先想想看，當過去的失望和挫敗經驗，一再縈繞在你的情緒中時，所浮現的嚴重問題。

只有自律才是解決這些問題的唯一方法。問題的解決之道應從下述認知開始——這個世界上只有兩種問題：一種是你能解決，而另一種是你無法解決的問題。

你應立即以最實際的方法，著手解決你能解決的問題。至於那些你無法解決的問題，應把它從你的心思中剔除並忘掉它。

不妨把忘掉無法解決的事看成是：將使你情緒不穩定的事情關在門外之行為。自律允許你關上這扇門，並且把門鎖緊，而不是要你站在門內還頻頻回顧過去的不如意，你應向前看。

當你關上這扇門時，你就是正在運用一個非常有價值的技巧。這個技巧需要誠心以及堅強的意志力，反覆這個過程愈多次，你的意志力就會愈堅強。

「關門」不會使你的心腸變硬或使你變得冷酷無情，它只會使你變得更為堅定。自律不允許你在心中藏有任何消極記憶，而你也不應該把時間浪費在那些無法解決的事情上。如果你執意開著那扇門的話，那只會毀掉你的創造力，破壞你的進取心，干擾你的理性，並且混亂你所有的心思意念。

關閉通往恐懼和擔憂的門，你就有機會開啟希望和信心之門。

◆理性

如果說自我是最高法院，那我們可以說理性的功能，就如同高等法院一樣地處理較例行性的審判工作。理性會評價由想像力所創造出來的東西，修正情緒並核准良知所做的決定。你應藉著觀察、研究和分析真理的方式訓練你的理性。

◆想像力

想像力所負責的是所有創造力的努力，新的構思形成於想像力之中，而你必須允許你的理性，小心謹慎地控制想像力的活動。你應集中想像力為你的明確目標服務，而不可任憑它胡思亂想。由於想像力是所有新事物之母，是你邁向成功之路的一項無價之寶。

◆良知

你的良知隨時在監控你的意念和行為所表現出來的道德正義。如果你能一直接受良知的審查，並且照著它的建議去做的話，它就能使你成為眾人稱讚和尊敬的人物。如果你不遵從良知忠告的話，那你就可能會和你的智囊團成員日益疏離，和無限智慧的力量斷絕關係，並且充滿了恐懼。最糟糕的是，這個社會為那些不肯接受良知忠告的人築起一間間的監獄，而監獄內的鐵欄杆，往往阻擋了坐監者的視線，使他們更無法接觸到無窮智慧。

◆記憶

這兒儲存著你從意識和潛意識部分所得到的印象。自律允許你將所有不如意的記憶從這個倉庫中剔除，以使它有更多的空間可容納積極的記憶。當你需要這些記憶中的印象時，便可隨時把經由自律而強化的意志力叫出來加以使用。

自律是你用來協調心思，並控制它們的一種程序。它所顯現的立即效應，就是會產生一種精神上的和諧，以便於你集中所有的努力，向成功邁進。

精神力量無法控制的項目

在你的精神活動過程中，有四種因素扮演著重要角色，但卻無法控制。你必須了解這四種因素，並調適自己加以配合。

◆無窮智慧

在討論「運用信念」一章中，我們會說明過無窮智慧的力量和重要性。你無法控制它，相反的，你必須調適自己以便接受它，並按照智慧採取行動。

◆潛意識

你無法直接控制你的潛意識，它只對你的情緒刺激有所反應，而「情緒」是你可經由自律加以控制的部分。當你的情緒正處於積極狀態，並且朝著明確目標的方向前進時，你的潛意識同樣也以它強大的力量在做相同的工作。但應注意的是，潛意識對於消極意識也會迅速做出反應；它無法分辨情緒的積極性和消極性。你必須運用自律來控制你的情緒，以便使你的潛意識為你服務而非和你敵對。

◆心靈感應

心靈感應是你的態度和意念傳給他人的一種過程。我所著重的是你與那些為相同目標而奉獻的人之間的心靈溝通，你的智囊團就是這股力量的最佳範例。當智囊團成長時，各成員都會開始期待其他成員的構想，並希望馬上和他們的強烈熱情及靈感相結合。雖然你無法控制這種過程，但是你的自律，卻能幫助你培養參與此一過程的積極特質。

◆感官

所有五官感覺——視覺、聽覺、味覺、嗅覺和觸覺——都會欺騙你，因為五官只會感受明顯且容易理解的事物。由於這個世界上，有許多事物都不是那麼明顯，而且容易理解，所以感官感覺常常會顯得無能為力。但是你可在某種程度上訓練你的感官，以便它能為你做更好的服務。你必須經常運用你的理性判斷由五官傳過來的訊息。

以上四種因素都是你精神活動的一部分，雖然自律無法控制這些因素，但它能——

而且必須——隨時讓你了解這些因素的作用情形。

意志力

自律的具體表現就是你的意志力，意志是心思的主宰。它有權利命令你所有的精神活動，但這項權利則來自持續不斷且合乎倫理的練習。

經由自律訓練出來的意志力，是一種無法抗拒的力量。只有當你抑制或忽視自律的發展時，才會對意志力造成限制。歷史和民謠中，有許多關於一個人如何憑著意志力戰勝死神，或其他逆境的故事。誰會記得那些被自己虛弱的意志，而捲入平庸泥沼中的人呢？

第四章

正確的思考

把你的心當作一塊土地，經過辛勤且有計畫的耕耘，就可把這塊地開墾成美麗且產量豐富的良田，或者也可以讓它荒蕪，任由其雜草叢生。

想要從你的心中得到豐收，你必須付出努力和投入各項準備工作，這些工作的安排和成功的執行，就是正確思考的結果。

所有計畫、目標和成就，都是思考的產物。思考是你唯一能完全控制的東西。你可以以智慧或是以愚蠢的方式運用你的心思意念，但無論你如何運用它，它都會顯現出一定的力量。

思考的原生力量

有一位沒沒無聞的裱褙匠，充分運用思考能力，改變了命運。他被監禁在監獄裡，就在他心情最惡劣的時候，他思索著：生命給了某些人權力和財富，而他卻被囚禁在監獄中。這個思索改變了他的一生。

過了不久，整個監獄的人都聽說過他，因為他寫了一本書。在這本書中，他誠實地寫出了他的目標，並且使整個監獄的人都知道他的目標，有些人讀了這本書之後只是笑一笑，而有些人則覺得這根本就是瘋子寫的東西。

大約十年之後，這位「瘋子」腳踩著半個歐洲，而另外半個歐洲，則恐懼地逃離他的鐵爪並起而戰鬥。他的行動震驚了全世界，而當時的美國人，卻仍然自滿於自己的世界，並且相信戰火終有結束的一天。

這個人便是希特勒（Adolf Hitler），他找到了破壞的手段，運用思考力量的機會。有許多人未能以建設的手段，運用他們的力量。雖然希特勒的思考，並非我們所要談論的正確思考，但它仍然發揮力量，並使得數百萬人陷於死亡和痛苦的深淵之中。縱使他所思考的都是令人痛恨的事，但畢竟它是有力量的。

運用正確的思考，固然是你能否達到目標的關鍵性要素，但你應記住：運用思考，是你對全世界人民應付出的一項道德義務。

正確思考的力量

在本書中，你所讀到的所有成功者的故事，都可證明正確思考的好處——包括對個人和對社會的好處。

沙克（Jonas Salk）的正確思考，使他發明了小兒痲痺疫苗；馬歇爾（George C. Marshall）的正確計畫使他得以振興經過希特勒蹂躪之後的歐洲經濟；布希（George Bush）對「沙漠風暴聯軍」有系統的組合，以及像史瓦茲柯夫和包威爾將軍們的精確計畫，阻止了薩達姆・海珊類似希特勒一樣的侵略野心；由於赫爾努力建造哈林區赫爾之家，使那些因為父母服用禁藥和毒品，而深受其害的兒童們，有得到愛和照顧的機會。

沒有正確的思考，無法建立偉大的事功。如果你不學習正確的思考，絕對成就不了傑出的事情。

思考的過程

正確的思考是以下列兩種推理做為基礎：

1. 歸納法：這是從部分導向全部，從特定事例導向一般事例，以及從個人導向宇宙的推理過程，它是以經驗和實證做為基礎，並從基礎中得到結論。

2. 演繹法：以一般性的邏輯假設為基礎，得出特定結論的推理過程。

這兩種推理方法之間有很大的不同，但二者可以一起運用。

例如，每當你用石頭丟窗戶的時候，窗戶一定會被打破。反覆幾次用石頭扔窗戶之後，你可歸納出一個結論，亦即玻璃是易碎的，而石頭不會碎。

從這個歸納後的結論出發，你可進行演繹推理，必將了解其他不易碎的東西（例如棒球）也會打破玻璃，而石頭也會打破其他易碎的東西。

但我們很可能一不小心就做出錯誤的推理，進而導出錯誤的結論。你必須嚴格地要求推理的正確性，也就是嚴格地要求自己要進行正確思考，必須審查你的推理結果，並找出其中的錯誤。除了審查你自己的思考過程之外，你還可以運用這兩種推理方式，審查別人的思考結果是否正確。

為了要成為一位正確的思考者，你必須採行下列兩個重要步驟：

1. 把事實和意見、假設、未經證實的假說和謠言分開。

2. 將事實分成兩個範疇：重要的和不重要的事實。

除了正確的思考者之外，一般人都會有許多意見，但這些意見多半都是沒有價值的。在沒有價值的意見之中，有許多可能是危險且具有破壞性的（尤其當它們和進取心發生連繫的時候），希特勒就是一個最好的例子。

你只能接受那些以事實或相關正確假設為基礎所提出的意見。同樣的，你不可提供沒有事實或正確假設做為根據的意見。正確的思考者在沒有確信之前，是不會提供任何意見的。雖然他們從別人那兒聽取事實、資料和建議，但是他們保留接受與否的權利。

報紙、閒聊和謠言，都不是得知事實的可靠媒介。因為它們所傳達的消息經常會出現變化，而且也沒有經過嚴格的查證。

「期待」通常是形成大眾所接受之「事實」的原因，因為一般人很自然的認為自己的期待和事實是一致的。由於這種一般人所接受的「事實」，是如此輕易的被提出來，所以你必須記住，想要了解真正的事實，通常是必須付出代價的，也就是努力追查事件真實性的代價。

美國曾經流傳著一個謠言：在百事可樂的罐子裡，發現皮下注射器的注射針，當時有二十幾個州都有這樣的報導。基於此一「事實」，百事可樂的股價立刻嚴重下跌，投資人以賠本的價錢拋售百事可樂的股票。但即使如此，該公司的管理階層仍然保證這種情況幾乎不可能發生。

而正確的思考者並不相信此一「事實」，反而買進該公司的股票。最後聯邦藥物管理局和聯邦調查局宣佈這些報導完全是惡作劇。

在這個事件中誰才是真正的獲利者？是那些因為恐慌而賠本賣出股票的人，或是那些經過正確思考後低價買進股票的人？

如何評價

做為一個正確的思考者，你必須仔細調查你所得到的每一項資料。你必須了解無論你所得到的資料因故意或不小心而被抹黑、修改或誇大，其中總是會有一些事實存在，這種現象在每次政治選舉中完全表露無遺。

你應對於你所得到的資料做一些測驗，例如當你讀一本書時，你應提如下的問題：

1. 作者對這本書的主題是否具有公認的權威？
2. 作者除了傳達正確資訊之外，是否還具備其他寫這本書的動機？什麼樣的動機？
3. 作者對於本書主題是否有利害關係？
4. 作者是否具有健全判斷力或只是個狂熱者？
5. 是否有辦法調查作者的言論是否屬實？
6. 作者的言論是否和常識以及經驗相符？

在你接受任何人的言論之前，應該找尋對方發表此一言論背後的動機。你必須謹慎決定是否應接受狂熱者的言論，因為這種人的情緒很容易失控。雖然有些人的動機是值得讚揚的，但值得讚揚本身並不等於正確。

無論誰企圖影響你，你都必須充分發揮判斷力並小心謹慎。如果言論顯得不合理，或是與你的經驗不符時，便應該做進一步的調查。

當你向別人請教事實或請別人做判斷時，切勿先告訴他你的答案，因為有些人可能會調整他們原來的言論來配合你所希望的答案。

例如不要問：「你認為有沒有可能把人送上土星？」或「如何能把人送上土星？」，你應該問：「你對於可能把人送上土星一事有何看法？」或最好問：「你對於太空旅行有何看法？」這個例子顯得有些荒謬，但是如果你把「土星」改成「月球」，就可看到正確思考的力量。

思考習慣的來源

你的思考習慣一開始時是得自下列兩個遺傳來源：

1. 生理遺傳：經過世代遺傳的本性和特質會影響你的思考習慣。你可能是嚴肅的或是不受拘束的思考者（也就是許多科學家所分類的左腦或右腦思考者），前者強調的是詳細，而後者強調的是計畫的廣博性。正確的思考可以修改、加強和導引這兩種思考方式。因為每個人都具有這二種能力——雖然可能其中一個較強而另一個較弱。

2. 社會遺傳：環境、教育和經驗都屬於社會刺激物之一，思考受到這些因素的影響最深，但這實際上是一種危險訊號。因為這表示人多半都是受到外界的激發，才開始思考的，然而你可以採取行動控制並挑選這些影響因素，例如閱讀本書就是一個好方法。

大多數的人在選擇宗教、參與政黨，甚至買車時，都不以他們對於目標的正確思考做為決定的依據，而是受到他們周遭其他人的影響：朋友、親戚和認識的人。

但正確的思考者完全不同，除非他們已謹慎地對目標做過分析，否則不會接受任何政黨、宗教或其他思想。他們會自由決定取捨，並且從取捨的過程中，獲得更大的利益。

曾經擔任過田納西州州長的泰勒，有一次問一位年輕人：為什麼要做那麼忠誠的民主黨人？「喔！」這位年輕人回答：「因為我住在田納西，而且我的父親和祖父都是民主黨人，所以我也參加民主黨。」

泰勒聽了之後回答道：「如果你的父親和祖父都是竊賊，那你是不是也要當竊賊呢？」

我不在乎你是哪一個黨的黨員，但你必須像選擇其他事物一樣，以正確思考做為基礎去選擇，而不要以別人的習慣做為選擇依據。

兩大缺點

人性中普遍存在著兩種特質，但彼此相反，這兩種特質都是正確思考的絆腳石。

第一、輕信（不憑證據或只憑薄弱的證據就相信）是人類的一大缺點。這個缺點使希特勒有機會把他的影響力，發展到可怕的程度（包括他的人民之間，以及對世界的其他地區）。正確思考者的腦子裡永遠有一個問號，你必須質疑企圖影響正確思考的每一個人和每一件事。

但這並不是缺乏信心的表現，事實上，它是尊重造物主的最佳表現，因為你已了解到你的思想，是從造物主那兒得到唯一可由你完成控制的東西，而你正在珍惜這份福氣。

少數正確思考者一直都被當作是人類的希望，因為他們在所做的事情上，都扮演著先鋒者的角色。他們創造工業和商業，不斷使科學和教育進步，並鼓舞發明和宗教信仰。美國思想家愛默生說得好：

「當上帝釋放一位思想家到這個星球上時，大家就得小心了。因為所有事物將瀕臨危險，就像在一座大城市裡發生火災一樣，沒有人知道哪裡才是安全的地方，也沒有人知道火什麼時候才會熄滅。科學的神話將會發生變化，所有文學名聲以及所有所謂永恆的聲譽，都可能會被修改或指責。人類的希望、內心的思想、民族宗教以及人類的態度和道德，都將受到新觀點的擺佈。新觀點將如神力般注入。因此，悸動也跟隨而來。」

如果你是一位正確的思考者，則你就是情緒的主人而非奴隸。你不應給予任何人控制你思想的機會。一般人在開始時，會拒絕某一項不正確的觀念，但後來因為受到家人、朋友或同事的影響而改變初衷，進而接受此一觀念，你必須嚴防這種錯誤的傾向。

一般人往往會接受那些一再出現在腦海中的觀念（無論它是好的或是壞的，是正確的或是錯誤的）。做為一位正確的思考者，你可以充分利用此一人性特質，使你今天所思考的到了明天仍然反覆出現，並進而接受此一再出現的思想，這正是明確目標和積極態度的力量本質。

人類另一種共同的缺點，就是不相信他們不了解的事物。

當萊特兄弟宣佈發明了一種會飛的機器，並且邀請記者親自來看時，沒有人接受他們的邀請；當馬可尼宣佈他發明了一種不需要電線，就可傳遞訊息的方法時，家人甚至把他送到精神病院去做檢查，還以為他失去理智了呢！

在調查清楚之前，就採取鄙視的態度，只會限制你的機會、信心、熱情以及創造力。質疑未經證實的事情，和認為「任何新的事物，都是不可能的」這二種態度不可混為一談。正確思考的目的，在於幫助你了解新觀念或不尋常的事情，而不是阻止你去調查它們。

控制習慣

我一再強調，意念是一個人唯一能完全控制的東西。但是，你的內心會受到周遭環境的影響。所以，你必須藉著有利的心理習慣（beneficial mental habit），來控制這些影響因素，這種過程叫做「控制習慣」（controlled habits）。

控制習慣的過程是不可思議的，它將你的思考力量轉變成行動。但如果你沒有這種習慣，或所學到的是不良習慣的話，則它可能會為你帶來悲慘和失敗。你控制習慣的能力與品質，決定了你的成敗。

把你的心當成一張底片，底片會記錄任何反映在它上面的事物。底片不會挑選應記錄的對象，也無法控制焦距和曝光時間。而你——做為一位攝影師，有機會挑選所要記錄的對象，決定影像焦距、光圈和快門。最後照片的品質，就取決於你控制這些因素的技巧。

就你內心的那一張底片而言，構圖的主題就是你的明確目標。你按照自己的抉擇挑選畫面，以你強烈的欲望闡明挑選好的畫面，並自行決定要讓你的思想做多久的曝光。

很少有攝影師對於重要的鏡頭只拍一次照的。他們多半都照好幾次，每一次都略微調整一下必須掌握的各項因素，以期照出最完美的畫面。同樣的，你不應讓你的內心影像只曝光一次，而應該讓它對準內心那張明確目標的畫面，天天進行曝光。

久而久之，對明確目標的一再「曝光」會變成一種習慣，一種經過控制的習慣，因為你是有意識地決定你行為的性質。

強烈欲望（發自你的情緒）的一再呈現，也會將明確目標的畫面印在你的潛意識上；而你的潛意識將會不知不覺地經由想像力，激發出你想達到目標的構想和計畫。

但是，這些構想不是那麼簡單就會出現的。你的潛意識不會自動送上一輛車也不會為你辦理存入萬元美金。正確的思考要求以百折不撓的行動，應用這些構想和其他成功定律。我之所以強調你必須每天都保持進取心，是因為你必須培養出處於控制之下的行動習慣。

剛開始時，行動可能需要你的心理制約，但是每當你行動一次，你的習慣控制能力就會有所增進，進而使得控制習慣的程序更為根深柢固。你的熱情和所運用信念同樣也會鞭策你。如果你能使行動變成一種處於控制中的習慣時，你的熱情和信心這兩種特質都會有所增進。

工作變得不再辛苦，就像你肚子餓時吃東西一樣，你會發現周圍開始出現能為你帶來希望和勇氣的新鮮事物，而其他人也會開始不必你開口要求，就樂意主動和你合作。你會因為付出行動，而得到一些有助於你達到目標的意外機會。你的想像力會變得更加敏銳和敏捷，而且在長時間工作後，只會感到些許疲勞。你將會以希望和信心的角度，來看這個世界。因為處於控制的行動習慣，已使你警覺到希望和信心的可能性，隨著這些改變，你也將會改善生活的其他方面。

正確的思考深受多幾項成功定律的影響，包括：設定明確目標、自律、積極的態度以及專心致志，這些成功定律。將會使你更專心為實現明確目標而努力。

第五章

加倍付出

如果你願意提供超過所得的服務時，遲早會得到回報，你所播下的每一粒種子都必將會發芽並帶來豐收。

加倍付出是一種經過幾個簡單步驟之後，便可付諸實施的定律。它實際上是一種你必須好好培養的態度；你應使它變為成就每一件事的必要因素。這種態度和強而有力且神秘難解的態度脫離不了關係。下面所說的故事將說明這種態度，並告訴你它所帶來的實質好處。

記住，你一生中所得到的最好的獎賞，就是以正確態度提供高品質服務，為你自己帶來的獎賞。

愛迪生的唯一合夥人

伯恩斯（Edward C. Barnes）是一位決心堅定，但卻沒有什麼資源的人。他決定要和當代一位最偉大的智者愛迪生（Thomas Edison）合作，但是當他來到愛迪生的辦公室時，他不修邊幅的儀表，惹得職員們一陣嘲笑。尤其當他表明將成為愛迪生的合夥人時，大家笑得更厲害了。愛迪生從來就沒有什麼合夥人，但他的堅持，為他贏得了面試的機會，並在愛迪生那兒得到一份打雜的工作。

愛迪生對他的堅毅精神有著深刻的印象，但這還不足以使愛迪生接受他做為合夥人。伯恩斯在愛迪生那兒做了數年的設備清潔和修理工，直到有一天他聽到愛迪生的銷售人員，在嘲笑一件最新的發明品——口授留聲機。他們認為這個東西一定賣不出去；為什麼不用秘書而要用機器呢？這時伯恩斯卻站出來說道：「我可以把它賣出去！」於是他便得到這份銷售的工作。

伯恩斯以雜工的薪水，花了一個月的時間跑遍了整個紐約城，一個月之後他賣了七部機器，當他抱著滿腹的全美銷售計畫回到愛迪生的辦公室時，愛迪生便接受他成為口授留聲機的合夥人，這也是愛迪生唯一的合夥人。

愛迪生有數千位員工為他工作，到底伯恩斯對愛迪生有什麼重要呢？原因就在於伯恩斯願意展露他對愛迪生發明品的信心，並將此一信心付諸實施，同時在伯恩斯達成任務的過程中，也沒有要求過多的經費和高薪。

伯恩斯所提供的服務已超過他做為雜工的薪水程度，他是愛迪生所有員工中唯一有這種表現的人，也是唯一從這種表現中獲得利益的人。

諾德史東家族

諾德史東（Nordstrom）家族發跡於一九二〇年代西雅圖的一家簡樸的鞋店，並發展成美國大型連鎖百貨企業。這家企業是以服務和樂於取悅顧客聞名。

顧客在數年之後還可以將所購買的衣服，以不滿意為由要求退貨；銷售人員會在全美各分公司尋找顧客想要的衣服尺寸和顏色；一位女售貨員甚至幫一位忘記送母親節賀卡的顧客寄送賀卡。

百貨公司的行政人員坦承，這種細心為顧客服務的政策，受到顧客們的濫用。有些顧客買了衣服之後只穿了一次就退貨，也有些顧客特別訂購了一些衣服但都不來拿，有些人甚至將諾德史東的銷售人員當作自己的跑腿一般來使喚。

但這些都不重要，因為諾德史東已藉著比其他同業更優良的服務，吸引了廣大的忠誠顧客。當經濟不景氣，致使許多百貨同業結束營業或裁員之際，諾德史東卻能在全國維持小幅穩定的成長。除非它確定已找到一批能為公司「加倍付出」政策奉獻的員工，否則諾德史東是不會增加新店的。

我自己的旅程

當我還在喬治城大學就讀法律系時，我已接受安德魯・卡內基的委託出版一本關於成功哲學的書。除了從卡內基那兒得到一些旅費補助之外，其他一切費用都由我自行負責。

我對這份工作的奉獻，使自己承受了不少的負擔。我必須賺錢養家，而且許多親戚都嘲笑我。但儘管有這些阻力，我還是為這項任務工作了二十年。在此期間我拜訪過知名企業的總裁、發明家、創始人以及著名的慈善家。由於這些人通常都不知道他們的成功定律（因為他們只是去做而已），所以我必須花許多時間來觀察他們，並確定我原先假設能發揮功效的力量，是否真的在發揮功效。除了賺取生活費之外，我還必須為這些人工作。

處在親戚們的嘲笑和辛苦的工作之間，有時真的很難保持積極態度和不屈不撓的精神。有時當一個人待在無聊的旅館房間時，甚至會覺得我家人的想法才是正確的。支持我向前邁進的力量是，我確信，我不但能完成這本著作，而且當我完成它時會為自己的成功感到驕傲。

有時候，當心中出現希望的火苗時，我必須運用我手邊所能運用的資源把它再煽大一點，以免熄滅。而使我堅持信念和理想，並且幫助我度過難關的就是我從無窮智慧所獲得的信心。

二十年來不斷地加倍付出，並且忍受工作的艱辛需要付出代價嗎？答案當然是肯定的。

加倍付出的益處

想要向前邁進，必須付出辛苦的代價，所以，此一過程有助於你察覺它所帶來的各種好處。

◆報酬增加律

你所付出的額外服務會為你帶來更多的回報。想想看種植小麥的農夫吧！如果種植一株小麥只能收成一粒穀子，那根本就是在浪費時間。但實際上從一株小麥上可收成許許多多的穀子，儘管有些小麥不會發芽，但無論農夫面臨什麼樣的困難，他的收成必定多出他所種植的好幾倍。

這種情形同樣也適用於你所提供的各種服務，如果你付出價值一百元的服務，則你不但能回收這一百元，而且可能會回收好幾倍。至於到底能回收多少，端視你是否抱持著正確的態度了。

如果你是以心不甘情不願的態度提供服務，那你可能得不到任何回報。如果你只是以為自己謀取利益的角度而提供服務時，則可能連你希望得到的利益也得不到。

在一個多雨的午後，一位老婦人走進費城的一家百貨公司，大多數的櫃台人員都不理她，但有一位年輕人卻問她是否能為她做些什麼。當她回答說她只是在等雨停時，這位年輕人並沒有推銷給她不需要的東西。雖然如此，這位銷售人員並沒有轉身離去，反而拿給她一張椅子。

雨停之後，這位老婦人向年輕人說了聲謝謝，並向他要了一張名片。幾個月之後這家店的店東收到一封信，信中要求將這位年輕人派往蘇格蘭，擔任負責一整座城堡的裝潢整修訂單！這封信就是這位老婦人寫的，而她正是美國鋼鐵大王卡內基的母親。

當這位年輕人打包準備去蘇格蘭時，他已升格為這家百貨公司的合夥人了。這個例子是報酬增加律的最佳寫照，而報酬增加的原因，就在於他比別人付出更多的關心和禮貌。

◆補償律

補償律可確保當你付出之後，會得到某種相同種類的回報。為了得到這種回報，你必須盡力提供你所能提供的服務（當然必須具備最佳態度），並且必須不要求得到立即的回報，而且即使得不到立即回報，你也應該盡力提供服務。

此一定律所著重的，並非一些意料之外的回報（例如讓位給老年人所得到的回報），而是誠懇和熱心的付出。只有不誠懇，而且懶惰的人才想以較少的代價（甚至最好不要付出任何代價）獲得較大的利益，如果你想要以抬高價錢，或偷工減料的方式獲利的話，必將嘗到惡果。

美國AT&T電話公司付出極大的代價才學到這門課程。它的費率愈來愈高，但卻沒有為客戶提供更佳的服務，結果大量客戶不再選擇它的長途電話服務，而轉向其他公司。雖然AT&T很快地察覺到錯誤，並降低費率以及開始改善服務品質，但它還是得面對流失掉原有客戶市場。經過這次教訓之後，AT&T學會了什麼叫做補償率。

我們來看看另一個具有對比性的例子——活動房屋的建造人柯林頓。當安德爾在佛羅里達州進行銷售衝刺時，柯林頓的公司（柯林頓房屋公司）正在快速成長之中，雖然市場對新活動房屋的需求量非常大，但他並沒有像一般生意人一樣趁機拉抬價格。相反的，柯靈頓房屋公司仍然維持它的售價，但卻大幅度提高產量。

補償律在這個例子中的意義，是該公司仍然維持合理的利潤。它的另一層意義，則在於數以千計的柯林頓活動房屋購買者，已深深記住該公司的名字，並且在下一次要購買時會優先考慮它。

在你的日常生活中，恐怕找不出比你的薪水袋更具體的例子。如果你不滿意目前的薪水，請記住：在你的付出超過所得之前，你沒有權利要求更多的薪水。

當你確信你的付出已超過所得時，不妨問一問自己，為什麼補償律沒有應驗在你的身上？

但可悲的是，大多數的人都不想訂立付出超過所得的明確目標。無論他們多麼努力工作，幸運輪總是從他們身旁滾過，因為他們既不期待也不需要更多的回報。

你應該做些什麼，才能顯示你期待，並且需要得到比你目前更多的回報呢？

◆如何脫穎而出

需要你付出的人，總是會給你一些回報。你可能不是能滿足客戶要求的唯一供應商，你應如何使消費者特別注意你呢？其中的竅門就在於提供物超所值的服務。

有天早晨，史瓦布來到他所經營的一家鋼鐵工廠，看到有一位公司的儲備速記員也在那裡。史瓦布問他為什麼這麼早來公司，這位儲備速記員說他是來看看史瓦布先生是否有什麼急的信件或電報要處理。他比其他員工早到了好幾個小時。

史瓦布向這位員工說了聲謝謝，並告訴他晚一點會需要幫忙。當天晚上史瓦布回到辦公室時，身邊多了一位私人助理，而他就是在早上令史瓦布印象深刻的那位儲備速記員。

這位年輕人吸引史瓦布的地方，並非他的速記能力，而是願意加倍付出的進取心。

◆變成不可或缺的人物

無論你只是個員工或是公司老闆，加倍付出都可使你成為公司內不可或缺的人物：你為公司提供其他人所無法提供的服務，也許其他人具備更多的知識、技術或聲望。但是，只有你能提供公司不可或缺的服務，也許還有其他公司能提供公關專業服務，但如果你能容忍在半夜二點時被叫醒，並且以「願意做」的態度提供服務時，則客戶們將會記住你並會給你高度的評價。

有位在電影人才經紀公司任職的年輕人，是該公司唯一願意每天、甚至每個小時，聽一位脾氣古怪的電影明星抱怨的人。當這位明星生氣罷工時，也是由這位年輕人（不是導演、製作人或電影公司老闆）去說服她回來工作，並因而使得拍片能趕上進度，為電影公司省下好幾百萬美金，他使自己成為照顧重要明星不可或缺的人。

除非你能成為某人或某團體中不可或缺的人物，否則你的所得將永遠無法超過一般的水準。你應使自己的地位，變得重要到無人能取代的地步。能使自己變得比別人強，在服務中注入加倍付出的精神，並具備積極進取心的人，便可自己決定薪水。

◆自我改進

加倍付出的意義，在於強化自己的工作能力，並在工作上精益求精。如果你能以抱著最佳態度，提供最佳服務的觀念執行你的任務，便能更進一步加強你的技術。藉著有規律的自律行動，你將會愈來愈了解加倍付出的整個過程，並會在潛意識中出現對「高品質工作」的要求。記住這句格言：「力量和奮鬥是息息相關的因素。」

如果你在邁向明確目標的路途中，沒有精益求精的信念時，那麼你為明確目標所訂出的計畫，和其他一切努力可說都是白白浪費而已。雖然有時候你可能連過去的標準都無法達到，但只要你有「超越過去」的傾向，就表示你已具備了健康的習慣，而這種習慣最後都會將你引向成功之路。

既然做了一件事就要把它做成功，抱怨工作或薪水，並不能使你成功。務必要把焦點放在盡可能做出最好成績的努力上。

◆機會

當你成為不可或缺的人物時，你不但能安穩地保住工作，同時還有能力選擇工作，這或許意味著升遷、換工作或挑選客戶。加倍付出是驅除對貧窮和匱乏的恐懼，以及對付半吊子競爭者的方法。

諾瓦克在當了幾年不很賺錢的作家之後，受聘擔任撰寫艾科卡（Chrysler CEO Lee Iacocca）自傳的作家之一。諾瓦克以艾科卡迷人的一生寫成了一本令人激賞的自傳，並且成為全美暢銷一年多的書。

雖然說艾科卡的故事本身便非常有吸引力，但是諾瓦布在故事中加入了一些值得閱讀，而且具有激勵性的資料，以致使得這本書在當時創下非凡的銷售成績，成為暢銷冠軍。

這本書使得諾瓦布的名字在出版界相當響亮，而他所要求的預付款，也比其他作家高出許多，且能自己選擇最好的主題，他就是憑藉著加倍付出的信念，使自己處於能自行決定工作的地位。

◆比較與獲益

加倍付出，就像一盞大燈一樣照著你自己，並使你有機會和他人進行比較並獲益。

一位極富創意的櫥窗設計師，有一次在櫥窗內，佈置了許多漂亮的領結，並在櫥窗中央放了一面全身鏡。駐足觀賞櫥窗的客人們，在讚嘆領結之餘還可照照鏡子。相比之下他們的領結顯得既寒酸又難看，於是有許多人便進入店內，買了一些漂亮的新領結，這就是比較的力量。

我們總是會對事物做一番比較，並且會注意事物的不同之處。如果你能提供比別人更好而且更多的服務時，自然就會站出來和別人比較一番。

聰明的僱主對於比較的威力都抱著高度的警覺，並且會給予那些表現較好的員工鼓勵和獎賞。有些僱主會忽視比較，並且只從員工的額外服務中獲利，卻不給予員工任何獎勵。但是比較的效果無法遮蔽，這些僱主的競爭對手，遲早會發現表現較好的員工。由於願意提供更多、更好服務的員工並不多見，所以如果你屬於這種員工，那必定會引人注目。

◆愉快的態度

如果你能在不能得到立即回報的情形下，以一種願意而且愉快的態度提供更多服務，就是在培養你積極且愉快的態度，而這正是培養迷人特質的基礎。

當你培養愉快的個性，幾乎所有的人都會願意依照你的意願為你工作。「你希望別人如何對待你，就以相同的態度對待對方」，這是一條黃金定律，請多加運用吧！如果對方沒有給你立即的回報，你應該再接再厲。如果你發現努力還是得不到回報時，便應想一想是否值得再為這種人付出，也許到了你該換個老闆的時候了。

◆進取心

進取心是不需要別人提醒，而能主動去做需要做的事情。雖然這是成功者各種個性中最優秀的一項特質，但卻也是許多人忽視的一項特質。加倍付出可培養你的進取心，因為你不是在等待事情的發生，而是主動使事情發生。

當你在工作上一直致力於要求最佳表現時，就必須洞察每一種可能發生的情況。無疑的，在工作中必然會出現一些超乎尋常的事情。你的努力有一部分就在完成這些較特別的工作，而這就意謂著你在工作中，已注入進取心的力量。

有些人終其一生提供額外服務，但最後卻住進救濟院。這些人都具備誠實可靠的個性，但這些個性卻給別人欺騙和利用的機會，而他們也不會對這些欺騙和利用做出什麼反應，因為他們缺乏進取心。

把麵包丟進水裡是一回事，而假裝沒有看到它濕漉漉泡漲的樣子，又是另一回事，你必須運用你的進取心，查明你的努力是否用對了方向。你應確定你的老闆是否誠實，而且值得為他效力；確定他是否將面臨倒閉，而且沒辦法付你薪水；如果你覺得受到了欺騙，那就換一份工作吧！進取心並不是為別人的利益而培養的。

加倍付出使你確信你正在做正確而且有益的事情，它使你更能面對自己的良知並且給你信心。

◆自信

有的時候我們會覺得最難相處的人其實就是自己。試著和自己說說話，向自己說明所訂定的計畫和目標並尋求合作，擬定你提供額外服務的項目，並傾聽你對自己的回答。如果你還覺得有疑問，那就得再多花一些時間來推銷自己。

有一次，有位衣衫襤褸而且意志消沉的人來看我。我認出他是一家名噪一時的餐館老闆，因為合夥人破產而變得一無所有，他希望我能給他一些幫助。

我要他站在厚窗帘布的面前，並告訴他，我要向他介紹一位在這個世界上，唯一能使他重拾信心並克服困難的人。接著我拉開窗帘讓他看到窗帘後面的鏡子。

他在鏡子前面一語不發地站了數分鐘後，向我說聲謝謝並離開。幾個月之後，他像是換了一個人似地又出現在我的辦公室，而且在他的感謝聲中洋溢著熱情，在這段期間他不斷提醒自己的經商技巧，並且找到了一位對他經營餐廳能力有信心的廚師，如今他在芝加哥開了一家最受歡迎的餐廳。

當你以「提供最佳服務」的認知，建立自信心時，就是在發揮你的堅毅力量，並在失敗中看清自己。相信自己，有了自信之後終必會有人信賴你。

◆克服拖延習慣

當你以渴望而且歡愉的心情做事時，就不會延誤做事的時機。事實上，你可能不願意「等待」開始，你是否曾經對於那些著名的人，在極不適當的時間起床，開始工作而感到驚訝呢？他們這樣做是因為對自己的工作有一份渴望，而他們之所以成功也是因為對這份工作的渴望。當你在需要行動時就開始行動，便可自然而然地驅除拖延的時間，有誰會去哀悼那些已逝去的不良習慣呢？

加倍付出的公式

為了幫助你時時不忘加倍付出，在本章最後設計了一個非常簡單的公式：

Q^1＋Q^2＋MA＝C

Q^1＝表示服務品質（Quality）

Q^2＝表示服務量（Quantity）

MA＝表示提供服務時的態度（Mental Attitude）

C＝表示你的報酬（Compensation）

這裡所謂的「報酬」，是指所有進入你生命的事物：金錢、歡樂、人際關係的和諧、精神上的啟發、信心、開放的心胸、耐性或其他任何你認為值得追求的事物。

務必要記住報酬的負面意義，金錢很好，但它絕非使你成功，或使你享受成功果實的唯一要素。切勿忘記金錢以外的其他個性特質，因為無論你提供多少服務，其他人都會認清你所使用的偏頗方法，經過比較之後會出現對你不利的結果，而那些真正具有加倍付出精神的人將會出頭。

第六章

加倍努力

加倍努力的最大好處之一，就是使你重視進取心。本章將使你對進取心有更深入的了解，各項實例將告訴你如何增進你本身的特質。

卡內基曾經告訴我：「有二種人絕不會成大器，一種是除非別人要他做，否則絕不主動做事的人；另一種則是即使別人要他做，也做不好事情的人。那些不需要別人催促，就會主動去做應做的事，而且不會半途而廢的人必將成功。這種人懂得要求自己加倍付出，而且做得比別人預期的更多。」

進取心，是你實現目標不可缺少的要素。它會使你進步，使你受到注目而且會為你帶來機會。

成功者的特質表現

在我建立十七條成功定律的這些年中，我觀察過許多具有非凡成就的人，這些人會不斷地表現出一些特質。你現在要做的一件重要的事是反省一下，你是否具備這些特質，並思考如何增加以及強化這些特質。

- 訂定明確目標
- 不斷追求明確目標的動機

- 建立智囊團以期獲得達到目標的力量
- 獨立
- 自律
- 以「贏的意志」為基礎所建立起來的堅毅精神
- 有所節制和導引的豐富想像力
- 迅速且明確的決策習慣
- 以事實為根據發表意見而非猜測
- 要求自己，養成加倍付出的習慣
- 激發熱情和運用熱情的能力
- 要求細節的習慣
- 聽取批評而不動怒的能力
- 熟悉十項基本的行為動機
- 一次專注一項工作的能力
- 為自己的行為負更多責任的能力
- 為員工的過失承擔所有責任的意願
- 對員工和朋友付出耐心
- 隨時保持積極態度

- 運用信念的能力
- 貫徹到底的習慣
- 強調徹底而非強調速度的習慣
- 值得信任

無疑地，其中有許多特質是你所熟悉的，你可能會認為自己已經有這些特質了。但十七條成功定律的本質，在於這些定律都是息息相關的。你不可能只發揮其中一條，而不去理會其他定律。

你如何能不經由進取心，來運用信心而又能發揮信心呢？而你又如何能在沒有訂定明確目標的情況下，發揮進取心呢？成功定律彼此相關，缺一不可。

進取心的感染力

在第二次世界大戰時，凱撒以極高的造船速度和效率震驚全世界。他的成就之所以引人注目，是因為他因應戰爭的需要造船，而造船之前根本沒有這方面的經驗。使他成功的主要原因，就在於具有進取心的特質，彰顯此一特質的媒介就是貫徹到底的習慣。

當他訂購了一火車的鋼料，並要求於既定日期在他的船塢交貨時，首先確定鋼料已完全按照既定的進度進行生產，同時也確定鐵路已受到警戒，而且員工也都已準備好接受這批鋼料。

他派人到工廠探查並且回報生產進度，最後他還隨貨出航，以確保不會發生任何差錯或延遲的情形。因為凱撒非常注意細節，所以，他的員工知道凱撒也希望他們具備此一特質。若在途中發生任何差錯，員工被要求採取一切必要手段，以控制問題並設法彌補損失的時間。

凱撒堅強的進取心，成為許多人日常生活中的模範。

進取心能成就他人無法成就的工作

在結婚之後，我第一次去拜訪妻子的家人。火車停在離她家鄉兩哩遠的地方。由於當時正下著傾盆大雨，所以我對那個地方的風光並沒有什麼印象。我對這種情況感到有些懊惱並問道：「你們為什麼不叫鐵路局開一條直通城鎮的支線？」

我的大舅子笑著告訴我，他們已經嘗試了十年之久，但是鐵路局始終不願意花錢在當地的一條河上建一座橋。

「十年！」我驚訝地說：「怎麼那麼久？我可以在三個月內做好這件事。」

但是，我想這次我真的說錯話了，因為在我的新家人面前說這種自誇的話，對他們來說無疑是一項挑釁，我想我真的必須要付諸行動。雨停之後，我和我的大舅子便走向河邊。

我在河邊看到一條十分老舊的木橋，橋上的公路屬於郡道，鐵軌橫過郡道，火車站位於河的另一頭，每當火車駛過時，郡道上的人車便被攔下來，因而影響附近的交通。

「你看，」我說：「很簡單，客運列車付三分之一的造橋費用，因為旅客們會因為有了新橋而直通城鎮。郡政府應付三分之一的造橋費用，因為他們遲早必須把舊橋拆掉建新橋。貨運列車也應付三分之一的造橋費用，因為有了新橋後便可不再受到路面交通的影響，並因而避免因為人車排隊等候火車通過，所可能發生的交通意外事故。」

事情就是那麼簡單，我和我的大舅子在一週之內，就取得三方當事人的同意，而新橋也在三個月之內就建造完成，從此以後這個城鎮便有了客運火車的服務。

我希望你不至於像我一樣，要靠進取心使自己脫困。但如果你能把握住任何發揮進取心的機會——尤其當你犯了愚蠢錯誤的時候——則它必會為你和周遭的人帶來利益。

進取心創造事業

我認識一位資質普通沒有什麼能力的人，他曾經做過鉛管工學徒，因為老闆認為他沒有學習鉛管的天賦，就把他派去當推銷員，但他似乎也沒有當推銷員的能力。

由於他寫字寫得很工整，所以他的老闆再一次要他負責簿記工作，但他仍然沒辦法勝任。不過簿記員的工作使他了解盤點的重要性，所以他便開始「盤點」自己。他認為自己具備下列積極特質：

1. 儲蓄習慣。
2. 正確計算配管費用的能力。
3. 發掘具有卓越技術能力的鉛管工人。
4. 不屈不撓的精神。
5. 引導他人和諧工作的能力。

他要如何善用他的這些積極特質呢？答案是很明顯的，他自行開了一家鉛管公司。他選好了地點，找到了技術一流的鉛管工並開始尋找客戶，他在一年之內便將他們的工作時間表填得滿滿的。由於他都能以一流的鉛管工，在預定的費用範圍內完成工作，故很快就在鉛管界建立起良好的聲譽——雖然他自己的配管技巧很差。

這位老兄就是憑藉著進取心，成就了他一生中想成就的事業。先以訂定明確目標做為開始，他一步一步地成立一個由技術員工所建立的智囊團，提供額外服務，最後獲得成功。如果他未能及時發現自己的積極個性，那麼他的老闆很可能會開除他。這位老兄為自己創造了一份事業！

進取心創造機會

巴爾塔是一位木匠的學徒，他被派去製造衣櫥時，週薪只有四百美元。完工後，看到他的客戶對他能善加利用空間，以及手工品質而感到高興時，巴爾塔想到了一個主意。他利用從第一位客戶那兒賺到的工資，開了一家加州衣櫥公司。

巴爾塔就憑著當時深受歡迎的「將擁擠的衣櫥，轉變成能有效利用的空間」的需求，在十二年內就擴大成為全美擁有一百多家加盟店的大企業，並引起其他衣櫥製造業者一窩蜂跟進。巴爾塔便在一九八九年，將他的公司以一千二百萬美金的價格賣給了威廉斯・索諾馬。

巴爾塔可以做為一個木匠而感到滿足，但他卻能認清自己的能力，並獲得遠超過其他學徒夢想的成功。

進取心創造財富

貝斯和蓋斯勒，是一九六〇年代費城一家電視公司的製作人。他們發現錄影帶比影片具有更強的市場適應性。雖然他們並非一流的製作專家，但他們決定開創自己的事業。

於是他們便成立了一家錄影公司，由於他們無法製作一流的節目，故他們決定提供一些其他有價值的服務：他們提供最好的設備和空間，給其他製作公司使用。雖然他們很早就進入這一行，但是他們仍然面臨競爭；為了佔有市場，他們不惜冒風險和可能沒有付款能力的人簽約。

貝斯和蓋斯勒也了解更進一步的道理，他們知道他們的客戶，同樣必須滿足自己的客戶。故除了提供設備和空間之外，他們還提供客戶一些最新的技術，就像蓋斯勒在接受《成功雜誌》訪問時所說的：「我們提供客戶他們可能想都沒有想到的技術，使他們得到好評，而我們得到付款。」

貝斯和蓋斯勒的公司目前除了製成一些表演節目之外，還為錄影技術人員提供訓練講座。他們還為一些公司，像是ＩＢＭ、花旗銀行等，提供公司內部通訊服務，也就是將位於紐約、洛杉磯等不同城市的人員連線，以便召開電視會議的服務。

貝斯和蓋斯勒並非最先洞察視訊系統在未來市場上會擁有一片天空的人，但由於他們有採取行動、制定計畫、承擔風險和提供他人所未能提供之服務的進取心，故使得他們成為這一行的頂尖人物。

進取心創造進步

你的明確目標可能是有一天自己當老闆，但即使你志不在此，或是此一目標尚遙遠，培養進取心還是會為你帶來好處的。

艾美是一家公司的行銷策略人員，她看準了該公司視為失敗的一項產品：白雪洗髮精。它是一種價格低廉，而且不含添加劑的洗髮精。這種洗髮精沒有華麗的包裝，但卻能吸引講究價格的消費者。於是她決定再次為「白雪」全力以赴，要將它再呈給管理階層，並告訴他們「白雪」的價值所在。最後管理階層接受了她的提議，而「白雪」竟成為該公司銷售最好的洗髮精之一。

由於「白雪」銷售成功，遂使得艾美成為該公司一家子公司的負責人。於是，她研創了一系列新的護髮產品，而這些產品最後也都變成了市場寵兒。

如今艾美已成為布瑞爾通訊集團的執行副總裁，該集團所從事的正是市場行銷服務，由於她不斷地以她的個人進取心為公司引進更多更好的產品，故她得到今天的職位可說是實至名歸。她的公司同樣也了解她願意提供超過她應該提供的服務。哈佛商業學校也頒給她「馬克斯和柯恩卓越零售獎學金」，而《美金和意識》（Dollars & Sense）雜誌稱許她為「前一百名商業職業婦女」之一。進取心使艾美獲得認同、進步和選擇工作的機會。

將進取心運用在工作上

當你設定明確目標之時，就是開始運用進取心，加倍努力的時候了。開始執行你的計畫，組織你的智囊團。雖然你會發現在執行計畫的過程中，目標會發生一些變化，但最重要的是要「馬上展開」你的計畫。

開始一項不甚完美的計畫，總比拖延行動要好得多。「拖延」是你發揮進取心的大敵。如果你一開始就讓拖延變成一種習慣，那麼它必將蔓延到日後你的每一項行動中。

盡一切努力使你的計畫付諸實現，並從錯誤中學習經驗。別理會那些說你的行動是自毀前程的人的話。當卡內基決定將鋼鐵的單價，從每噸美金一百四十元降到二十元做為他進入鋼鐵業的目標時，曾受到許多人的嘲笑。而當卡內基達到他的目標時，那些曾經嘲笑他的人連一毛錢都沒有賺到。

如果你需要別人的建議時，就付錢請教一些專家的意見吧！你從同事或朋友那裡得到的「免費建議」將和你所付出的代價一樣：什麼也沒有。

別讓外在力量影響你的行動，雖然你必須對他人的驚訝，和你所面對的競爭做出反應，但你必須每天以既定計畫為基礎向前邁進。用你對成功的想像來滋養你強烈的欲望，讓你的欲望熱情燃燒，最好能燒到你的屁股，隨時提醒你不可在應該起而行時，仍然坐待機會。

每當你完成一件工作時就應做一番反省，這是你所能做到的最好成績嗎？如何能做得更好？何不現在就使自己更進一步？是否能夠發揮進取心，端視你對於每次機會的覺醒程度以及你是否能在發現機會時立即行動而定。

很明顯的，進取心是一種要求甚多的特質。它的實踐需要許多心理資源做為後盾。當你的進取心處於低潮時，不妨求助於可在其他所有成功定律中注入新生命力，並且使它們再度發揮作用的一項原理：積極態度。

第七章

建立智囊團

智囊團是由兩個或兩個以上的人，以和諧的態度和主動積極的精神，為共同目標齊心努力的團體。

智囊團定律使你得以把他人的經驗、訓練和知識所匯集的力量，當作是自己的力量一樣加以運用。如果你能有效地應用智囊團，則無論你自己的教育程度或才智如何，幾乎都能克服所有的障礙。

沒有人能夠不需要其他人而能成功，畢竟個人的力量有限，所有偉大的人物，都必須靠著他人的幫助，才有擴展和茁壯的可能。

建立智囊團

讓我們先來看一種智囊團模式——火車。列車長（你）之所以能夠使火車開往目的地的唯一原因，就是其他列車員認同並且尊重你的職權。如果，列車長未能適時地告訴司機火車出發的時間，乘客們會下車尋求其他可到目的地的方法，如果司機不遵守交通號誌，很可能會發生致命的車禍……。

為了使你的智囊團發揮正常功能，你必須給團員清晰而且正確的指示，而團員也必須願意充分與你合作。以下四個簡單的步驟，可確保智囊團的正常運作。

◆步驟一：確定目標

使智囊團發揮功效的第一個步驟，就是設立一個明確的目標（誰願意搭乘目的地不明確的火車呢？）很顯然的，如果你連自己的明確目標都還沒有確定，是不可能進行此一步驟的。

你必須確定智囊團的共同目標，就是你自己的明確目標，或至少應該非常接近你的目標。

如果你已經寫下自己的明確目標，以及達到目標的方法，則你對此一步驟應該就能駕輕就熟了。

寫下智囊團的共同目標以及執行計畫，可使你了解過程中的每一個環節。就像列車長不能同時收票、服務餐車旅客和駕駛火車一樣，你也無法獨自一人處理所有環節的事務，這時候你就必須運用第二個步驟了。

◆步驟二：挑選團員

挑選能幫助你達到目標的人，是件必須小心謹慎的事。你可能最後會發現，你原先挑選的人並不適任，你也可能在一段時間之後發現，有些意料之外的事情必須找人來做。在這過程中，嘗試和錯誤是不可避免的。但是，如果你能時時把握住以下兩項特質，就能更快挑選到適任的人才。

第一項特質是工作能力：切勿只因為你喜歡或認識某人，就選他為團員，雖然這樣的人，會改善你的生活品質，但未必就適合智囊團。你最好的朋友，未必就是你所需要的行銷專業人才，但或許他可為你介紹。

第二項特質就是與他人和諧共事的能力：不和諧的工作氣氛，將會抵消智囊團的效率。雖然，這種情形可能不會立即發生，但卻可能在輸贏的關鍵時刻爆發出來。

卡內基曾經告訴我他找尋一位首席化學家的故事：經過全球探訪後，他找到了一位當時在一家德國公司任職的化學家，這位化學家的能力是毋庸置疑的，於是卡內基便和他簽了五年的合約，但是不到一年卡內基就和他解約了。

為什麼呢？因為這位化學家很容易發脾氣，整個部門被他搞得一團糟，沒有人願意和他共事，而他也因為太計較小事而經常怒氣沖沖，以致什麼成就都沒有。

你必須排除智囊團中的任何不和諧現象，各成員應毫無保留地彙整彼此的智慧。個人的野心（包括你自己的野心），必須臣服於執行以及達成智囊團共同目標之下。

清楚地了解智囊團的目標，有助於判斷團員是否具備以和諧態度完成工作的能力。

你可能仍然必須調整智囊團的組織結構，但是，你也必須採取步驟創造團內的和諧。

◆步驟三：確定報酬

確定團員的報酬，是維持和諧的一項重大因素。在一開始時，就應該確定團員可以得到多少的報酬，如此一來，必將大大地減少日後發生爭執的可能性。

下列十項基本行為動機，可做為訂定報酬的基礎：

1. 自保
2. 愛
3. 恐懼
4. 性
5. 對死後生命的渴望
6. 身心自由
7. 憤怒
8. 仇恨
9. 對認同和成就感的渴望
10. 財富

雖然財富對團員的吸引力最大，但也不能忽視其他動機的重要性。對許多人而言，認同和成就感的行為動機和金錢一樣重要。但請務必注意，如果你依賴憤怒、仇恨和恐懼，則這些動機可能會扭曲團員的心靈。

你應欣然、公平而且慷慨地在團員之間，分配最具影響力的激勵因素——財富，你的表現愈慷慨，就愈能從團員那兒得到愈多的幫助，你必須掌握的另一項成功定律，就是加倍付出的習慣，如果你能在一開始時便將此一定律納入智囊團，它必然會為你帶來莫大的助益。

◆步驟四：訂定聚會的時間和地點

訂定明確的定期聚會時間和地點，以確保團員能不斷進步，且藉此機會解決智囊團所面臨的問題。智囊團初期階段的會議內容，可能涉及借重各成員的專業技術，以精確規劃執行計畫的議題。

隨著智囊團不斷成熟，和成員之間和諧氣氛的增長，你會發現這些會議，會使各成員的腦海中，激盪出一連串的構想。當團員共同工作一段時間之後，便會在會議中激盪出更多令人興奮的事情，而各成員之間也會愈來愈和諧。

想像一下一組業務代表開會的情形，他們可能會對共同目標做出決議。但是，如果能以一天或一個周末的時間，聽取並採納他們對計畫的意見，以加強他們的堅毅信念，就能使他們免除情緒的壓抑，並渴望達到目標。

但是切勿因定期聚會而取代成員之間的頻繁接觸，打電話、寫留言條或是在走道上的談話，都可使成員獲得會議時所需要的資訊，如此一來，便可在會議中迅速解決突發狀況。

維繫智囊團

智囊團的和諧，必須建立在認同明確目標的基礎上，但維繫智囊團內部的和諧，卻必須仰賴勤奮的工作。做為智囊團領導者的你，責無旁貸的必須承擔此一任務。

你必須注意下列四件事：

◆信心

信心是指以經過實證的忠誠（亦即對工作和義務的忠誠）為基礎，所產生的信賴或信任。做為智囊團的領導者，你應該藉著為明確目標奉獻的方式，激發成員對你的信心。你也應該堅持團體事務的機密性，在團體以外的場合談論智囊團的目標，通常會造成不利的結果，你不應讓有輕易洩露秘密傾向的人留在智囊團。

◆了解

所有成員應該對所面對的情況，或建議的性質、意義和暗示，有全盤的認識和了解。你或可僱用專家，以使你更能了解各項領導的事務，但是，所有相關人員都應具備處理每一決策核心問題的能力。在做成決策之前，智囊團的每位成員都必須確信這是一項好的決定，而且每個人都願意全力支持這項決定。

◆公平和正義

當你組成智囊團時，每位成員都應同意為團內的共同目標，奉獻一己之力。每位成員也都應該在分配利潤上取得共識，每位成員都必須以合乎道德倫理的態度，和其他成員相處，成員之間不得犧牲他人，以換取自己的利益。如果不能遵守上述要求的話，則在團員之間必會發生意見分歧的現象，進而毀掉整個團體。

◆勇氣

團員應該以堅定的信念、百折不撓的精神和勇氣來面對所有的危險和困難。這種不畏艱難的精神，源自於自信心和經過良好培養的成功意識。一個人的勇氣，是無法和一個團體的勇氣相比的，這就好像一個電池的電力，遠不如一組電池的電力來得強一樣。集結愈多人的心力，就會產生愈多的力量，並進而能克服更多的困難。

智囊團的力量

一位婦女曾經來拜訪我，告訴我她的故事，她幾乎已完全喪失視力，也不再去看醫生。她因為投資電影事業，而賠掉了大部分的積蓄，丈夫則風流成性，她的母親經過長期臥病之後不治死亡，親戚們也都令人討厭，她不停地訴說不幸。

要不是我對她的遭遇感到同情，真的不想再聽下去了。她的內心充滿了自憐的情緒。很明顯的，在過去二十年中，她沒有遇到任何好的或是具有建設性的事情。

「希爾先生，」她問我，「為什麼這些不幸的事，都發生在我的身上？」

雖然我很不想對她說什麼殘酷的話，但是，我總得使她面對現實啊！我告訴她：

「坦白說，以妳這樣的消極態度，我懷疑妳還能做什麼事，我對於妳的家人令妳感到苦惱，或是妳的丈夫在外面風流的事情，一點也不覺得驚訝。我倒是奇怪妳的丈夫為什麼不離家出走！」

「我有什麼辦法可以阻止他呢？」

「妳現在無法為他做任何事情，」我告訴她，「但是妳可以為自己做一些事，妳一直認為已經失去了一切，妳愈是常去想，就會覺得自己失去得更多。

別再想這些事情了。妳應該告訴自己，要以過去的經驗為基礎，去獲取一些好處。

並且訂定一個明確的計畫，來恢復妳的視力，常常想著雙眼會逐漸恢復正常。妳應該下定決心治療，並且相信這樣做必然會有收穫。

如果能改變自己的態度，妳的丈夫會再對妳產生好感，親戚們也不會再把妳看成廢物，我能告訴妳的就是這些了。當妳能以更積極的態度面對自己時，請再來我這裡一趟。在我為妳做任何事之前，妳必須先為自己做些事情。」

我舉出這則故事，是因為我也想告訴你同樣的話，無論你遇到了什麼樣的困難，都應求諸你「不承認有任何困難挫折」那一面的個性，和「另一面的你」做個好朋友。

如此一來，無論你在做任何事情時，都會有一個和你一起分享目標的團員。如果你能將本書所提出的所有說服和激勵他人的道理、建議，運用到自己身上時，則這些道理和建議，將會為你帶來更大的幫助。

如果你確信需要一百萬元的貸款時，你不會直接走到銀行借錢，你會和負責貸款的人員培養一定的友誼，你會告訴他你的計畫，並希望他能有所了解，你會擬出償還貸款的步驟方針，你會以無比的信心做這些事，如果真的能這樣的話，那你必然會成功。只有在你能完全管理好自己的內心力量時，才有資格去監督他人的工作。

一旦你了解智囊團的優點之後，你便能了解智囊團可在許多方面帶來好處，為了達到個人成就，你必須在各方面都有所進步。

◆婚姻

和你的至愛組成智囊團，是一件非常重要的事。如果你已經結婚，但卻還沒有和你的另一半建立起智囊團都應具備的和諧關係時，不妨依照下述方法，和他（她）共同組成。

每天挪出一些時間，討論一下你想要達到的目標是什麼，以及達到目標的方法。以你的明確目標為基礎，發展出說服能力，使你的另一半確信目標所帶來的效益。配偶一方的計畫，通常都會影響到另一半，但應注意的是，你不可強迫另一半加入計畫。

如果你已經開始計畫而想要結婚，應該坦白告訴未來的生活伴侶，你想要達到的目標，以及達到目標的方法。在締結婚姻關係時，就應將智囊團納入婚姻生活。如此一來，相互關係便會穩定地發展，並且會在你最不順心時，給你支持。

事實上，你可將全家人都納入智囊團：你的子女、父母、兄弟姐妹以及任何你信賴或信賴你的人。如果家庭中缺少和諧，必會在某些方面顯現出惡果。團結的家庭，才是強而有力的隊伍。

◆教育

沒有一個人能懂得所有的事，雖然你可以依賴其他人的專業知識，但你也應該利用各種機會，學習新的知識。

智囊團必須具備所需要的各種知識，同時你也應該擴展視野，並且盡量從書籍、雜誌、演講和錄音帶中學習新的事物，養成閱讀的習慣，而不僅只是閱讀報紙，你還應該閱讀一些能拓展智慧的書籍，這些書籍會使你不斷進步。

智囊團的成敗關鍵，在於成員之間的和諧，你必須不斷地努力，以加強這種團結關係。

第八章

運用信念

信念是你對宇宙力量的一種了解、信任以及融合的表現，但只具備信念是不夠的，你必須加以練習運用。

想必你已經聽過或唸過許多關於信念的定義，這些定義有許多都和宗教信仰有關。然而，除非你能學會在日常生活中，充分運用宗教信仰，否則在本章的討論中，我們將不考慮你個人宗教信仰的因素。

信念是一種心理狀態，為了使信心能為你的持久成就有所助益，你必須具備積極而非消極的信念，所謂積極的信念，是指你使自己和宇宙中的某種重要力量，建立起關係的一種過程，我把這個力量稱為「無窮智慧」（Infinite Intelligence）。

認識無窮智慧

如果對於無上的存在（supreme being）沒有積極而且明確的信仰時，是不可能培養出積極念的，有許多方法可以培養這種信仰，觀察、實驗、感覺、祈禱、冥想和思考，都是可行的方法。

我們通常都會藉著觀察事情的結果，或接受自己信賴的人的意見來了解一件事。在你了解無窮智慧的過程中，可循著外在世界和內在世界兩條途徑，來觀察其中的端倪。

◆外在世界

凡是樂於思考的人，都會在外在世界中，發現到無窮智慧的證據。自然界的每一種過程都有一定的秩序。太陽不會今天從東邊昇起，而明天從西邊昇起。

我們在任何地方，都可看到持續不斷的自然定律，這種因循自然定律所產生的秩序，明顯地指出宇宙中存在著一種明確的運轉目標以及充滿智慧的執行計畫，而這正是無窮智慧的證據。

就如英國詩人丁尼生（Tennyson）所說的：「太陽、月亮、星星、海洋、山丘和平原，所有這些難道不是造物者的先見之明嗎？」

看看你的手錶，你知道如果沒有經過組織的智慧之助，就不會出現這只錶。而你也知道，因為人類的智慧，才得以使用手錶，你同樣也知道人類的智慧，並非起源於一個人。人類的智慧，是表達宇宙自然秩序力量的一種工具而已。

你可以把手錶拆開，把所有零件放在一個盒子裡混合，但即使過了一百萬年之後，這些零件也不會再自行組合。組合手錶需要一份明確的計畫，以及審慎而且有組織的智慧，就像手錶一樣。沒有無窮的智慧，宇宙是不可能存在的。

◆內在世界

你可運用許多感官機能來評價外在世界：觸覺、視覺、味覺、嗅覺，但同時你也有感知另一真實世界的感官機能。感官團的優點就在於，它使你接觸到其他人的創造力，將你的思想和其他人的思想連接在一起，並開啟你的潛意識，以迎向無窮的智慧。

你的良心道義，是使你接觸這些力量的工具。同樣的，當你祈禱時，你就是在展現此一內在世界，這些經驗力量一再地塑造人類的歷史。

傳到保羅耳裡的聖言，改變了基督教的原來面貌和發展方向。驅策甘地的崇高信念不但影響了印度，而且對於全世界的社會和政治的改革方法，都造成影響。

人類所擁有的發現、信仰以及散播基本思想和觀念的精神，可進一步證明我們具備和無窮智慧發展出明確且積極關係的能力。你可與無窮智慧建立起這種關係，並將它應用在生活之中，這種應用過程伴隨有運用信念的成份。

克服懷疑

記住，信念是一種心理狀態，它是靠著調整你的內心，去接受無窮智慧的方法發展而成的。運用信念是使無窮智慧的力量，配合你明確目標的一種適應表現。運用信念是「自我創富」（the science of personal achievement）的發電機，也是將你的想法付諸實現的原動力。

無疑地，你可暫時放鬆你的理智和意志力，並完全敞開你的胸懷去接受無窮智慧。在「設定明確目標」一章中，我曾說過思想是一個人有權完全掌控的唯一事物。你必須控制你的思想，使它定期敞開以接受無窮智慧的力量。

無論你的內心所懷抱著的意念或信仰是什麼，它都可能成為真實。因此，切勿在通往無窮智慧的道路上自設路障，就像當陽光透過三稜鏡時，會分成多道光束一樣；當無窮智慧通過你的內心時，也會綻放出不同的光芒。

那些消極念頭，諸如「不可能成功」、「不值得去做」、「成功之路障礙重重」、「有些事無法成功」等等，都是思想中的缺陷。這些缺陷足以扭曲，並且分散無窮智慧的力量。如果你因為迷信而關閉通往無窮智慧的大門，那你將永遠無法享受到它的好處。

你無法驟然告訴自己，你有信心並且希望馬上出現好的結果。信念是一種必須經過培養的精神狀態。每天騰出一小時的時間，用以思考你和無窮智慧之間的關係，找出可在你的生活中，以及在所有可表現無窮智慧的地方，應用無窮智慧的方法。

先清除你內心中各種消極思想：缺乏、貧窮、恐懼、疾病和不和諧。接著再按照下列三個簡單的步驟，建立你的信心：

1. 表達對目標完成的明確欲望，並使這種明確欲望和一項或多項基本行為動機結合在一起。
2. 制定實現欲望之明確且詳細的計畫。
3. 開始執行計畫，並以所有自覺性的努力做為後盾。

你愈能以對無窮智慧的信心做為行事基礎，就愈能以敞開的心胸去接受它的力量，而你也愈能洞察到這股力量對你生命的影響。最後，這股力量會使你更容易以信心做為行事的基礎，這難道不是一次完美的循環過程嗎？

當你面對一項問題或疑問時，便可用信心做為解決的方法。你以信心為基礎的行事風格，已使你的潛意識相信你必將成功。

放鬆你的理性，以免它影響到由潛意識中萌生出來（以對成功的信心做為基礎）的觀念、預感和直覺。你應從這些源自潛意識的智慧中，尋找問題的解決之道。

當你認定一項計畫之後，應立即執行。切勿猶豫、爭論、懷疑、擔心和煩惱，直接去做就是了！

當你發現計畫的執行結果，和你的預期不一樣時，應再重複一次建立信心的程序。

從敞開胸懷建立信心到信心的實踐，是需要花時間的。但是記住，無窮智慧本身是不會為你做任何事的。

如果你以信心為基礎所制定的計畫，需要其他人的合作時，那就務必要找到合作的人，這些人不會自己跑來找你；如果你的計畫需要資金，你必須盡全力去找尋投資人，不會有人把錢自動送上門來的。你必須把你的信心實際運用出來。

最後一句話：「如果你的祈禱詞是感謝你已擁有幸福，而不是要求你沒有的東西時，你將能夠更快地得到成果。」

克服恐懼

使你敞開胸懷擁抱信心的一項重要工作，就是要驅除你心中的恐懼感。我們通常感受到的基本恐懼有七種。每個人至少都會感受到其中一種恐懼，有些人甚至感受到全部七種恐懼。但你如何察覺它們的存在，以及如何驅除它們呢?讓我們一起來瞭解。

◆第一種恐懼：貧窮

貧窮是七種恐懼中最具有破壞性，也是最難克服的一種，因為它會帶來許多痛苦和不幸。許多對貧窮的恐懼，都來自我們和那些不值得信任，或以他人做為成功跳板之人的痛苦相處經驗。

想要對抗貧窮，並且下定決心要驅除貧窮時，就應徹底地分析自己，找出恐懼的徵狀，並掌握你的思想，以積極習慣取代那些因恐懼而產生的種種消極習慣。

缺乏雄心：你認為生命中的一切現象，都是理所當然的嗎？你的生活行為很懶散嗎？你應以一種積極，而且具有驅動的雄心，來驅除這些因恐懼貧窮所產生的徵狀。

無法自行下決定：你生命中所發生的所有事情，都是由別人來決定嗎？別留著造物主給你的最佳禮物不用！下決心並且培養自己決斷的個性。

為失敗找藉口：你會為做不成的事情找藉口嗎？你會嫉妒並且批評他人的成就嗎？你應該認定只有自己才是對失敗負責的人。

消極態度：這是因為恐懼貧窮所產生的最大障礙，它的影響力也遍及其他六種恐懼。拋棄悲觀，相信所有事情都會按照你的計畫發展，並且立即開始執行計畫，別拖延應做的事，也不要逃避責任或過著入不敷出的生活。要以工作來改善你的生活，只要去做，必將成功。

建立明確的目標，是以積極態度取代消極態度的第一步。確定你要的東西之後便全力去得到它，多要求一點並且設定高目標！相信你將會藉著無窮智慧的力量達到目標，而且你也會因此而遠離對貧窮的恐懼。

◆第二恐懼：批評

恐懼批評對你的影響在某些方面微不足道，但在某些方面卻很嚴重，你可能會因為恐懼別人的批評而去買最新流行的服裝、最時髦的轎車或最精密的立體音響設備，為的就是害怕跟不上時代。但糟糕的是，恐懼批評可能會使你不願提出具有改革性的觀念。恐懼批評甚至可能會剝奪你的個性和自信心。

努力花錢以免落伍：一直試圖保持自己為最新潮或最富足的人，會使你在財務和情感方面都受到癱瘓。只要買你所需要的就夠了，把多餘的財力和精神，運用到其他方面。

吹噓自己的成就：這種行為的目的，通常在於掩飾自己的自卑感。吹噓成就是在假冒成功，而非獲得成功。

如果你的明確目標，包括爭取大眾認同倒還無可厚非。但如果你所得到的，不是真正的認同時，你將會不斷地期待這種認同假象，以滿足你的空虛心靈。

你應為實際的成就感到驕傲，並且相信總有一天成就本身將取代所有言詞陳述，並做為你成功的最好明證。

容易受窘：這會使你失去下決定的能力。害怕和他人見面會使你失去自信。你應確信，為追求明確目標所做的任何一件事都是值得的。記住克萊斯勒的鄰居是如何取笑他的，而那些取笑又是多麼短暫且無意義。

恐懼批評是一種普遍性的症狀。如果你放任它，它就會吞噬你的進取心和想像力。但一旦你離開它一步，它就會自動地離開你二步，只要你跳出第一步，以後的路就好走多了。

◆第三種恐懼：病痛

這項恐懼和恐懼死亡有相當密切的關係。在你成長的過程中，如果周遭的人患有「疾病恐懼症」時，你也會感染到相同的症狀。對病痛的恐懼，同樣會使你喪失冒險精神，它的存在可能會使你對任何事情，都感到非常害怕。

記住，無論你想到什麼念頭，或有什麼信仰都有實現的可能。此一觀念不但適用於保持健康，而且同樣也適用於製造病痛（天天想到生病的事，可能有一天真的生病）。古辛斯醫師曾發表過笑對於治療疾病的功效。雖然你希望將所有心力都集中在保持健康方面，但仍有一些習慣，促使你成為恐懼病痛的奴隸。你必須改掉這些習慣。

愛買藥的習慣：每當出現新的藥品廣告時，你是否就會去買？你是否吃大量的大蒜、人參和全麥食品？保持自己的健康是非常重要的，但訴諸藥物會改變你對於「健康的態度是保持健康最重要的因素」的認知。

自憐習慣：些微的疼痛和不舒服都會使你躺在床上嗎？有什麼病痛可做為你不工作的藉口嗎？如果老是想著病痛，並且向它屈服的話，你就完了。自憐習慣是一項必須努力克服的障礙，這項努力必然會對你邁向成功的過程有所幫助。

濫用物資的習慣：這種不良習慣可能是酗酒，也可能是濫用藥物，但無論是哪一種習慣，其實都只是在掩飾你對某些身心痛苦的恐懼而已。你必須找出這些痛苦的根源，並且徹底消滅它們。這雖然需要時間，但是你所跨出的每一步，不但可使你同時克服其他恐懼，而且還會節省你達到成功所需要的時間、金錢和精力。

克服對疾病的恐懼，會在許多方面為你帶來實際的成果，你自己、家人和朋友的情況及你的野心都會比以前更佳。

◆第四種恐懼：失去愛情

我認識一個人，因為被發現長年欺騙工作伙伴，並且逃稅而失去了一切：金錢、社會地位和家人的愛。他對這種行為唯一的解釋，是他把這些不義之財，全部都給了他的妻子，因為它害怕如果不這樣做，就得不到他妻子的愛。

諷刺的是，他長久以來，只為了滿足妻子無止盡的需求而努力工作，而妻子同樣也只是為了這個目的才和他在一起，當他變得一無所有時，妻子便離他而去。

她確實曾經愛過他，但由於他把全部精力都放在滿足她的欲望這方面，所以她對他的愛自然就逐漸褪色，除了金錢以外，他還給妻子什麼東西呢？

害怕失去愛，是我們很容易感受到的現象。你應以積極態度，來培養你和其他人的關係。把你的一切都奉獻給他們，但不要使他們成為你恐懼的根源，而應從他們那裡得到力量和勇氣。

◆第五種恐懼：年老

對年老的恐懼會使你的步調變慢，並且會使你產生自卑感。無論你是三十、四十、五十、六十或七十歲，這種恐懼都會使你相信你已讓機會溜走，而且你的黃金歲月已離你而去。

你生命中的每一段歲月，都為你帶來無價的寶貴經驗。你應該衷心感謝你在人生歲月中，所得到的智慧和能力。人類歷史中大部分的成就，都是那些歷經歲月洗鍊的智者所創造出來的。

克服這項恐懼的最好方法，就是把它踐踏到腳底下並嘲笑它。每當你過一次生日便減掉一歲而不是加上一歲，但別想嘗試扮演青少年的角色，模仿電視上的穿著和說話用詞，那只會使你看起來像個傻瓜。同時也千萬別對自己說什麼「如果我還年輕，就會去做這些、那些事情」之類的話。

有一段時間，每當清晨醒過來時，都會看到時光老人躡手躡腳地從我身邊走過。剛開始時我會感到害怕，但是有一天我看著它的眼睛，並對它大叫道：「滾出去，你這個老東西，別再來煩我！我不需要你！滾出去！」

每當你想到你已老去，而無法成就任何事情時，不妨也這樣罵罵看，你會發現你的潛意識會迅速地做出這種反應。無論何時出現害怕年老的念頭，你都應該保護自己免受這種恐懼的傷害。

◆第六種恐懼：失去自由

無論你居住在世界上哪一個國家，失去自由都令人恐懼。那些居住在無法享受自由的人，更時時活在恐懼中。除此之外還有許多其他因素會限制你的自由，例如政客的政治野心，你日常生活的需求等，這種對失去自由的恐懼，會妨礙你的發展空間，並進而阻礙你實現明確目標的行動。

驅除這種恐懼的唯一方法，就是主動積極地維護可保障你自由的制度。

我們在這個國家所享有的權利，是經過長年奮鬥才爭取到的，而且也唯有經過不斷地努力，才能維護爭取到的成果。你應對我們現在所從事的奮鬥有所了解，更應主動積極地參與奮鬥，而且必須確信你沒有做任何妨礙他人自由的行為。

如果你在追求明確目標的過程中，扮演著權威者的角色，並企圖主宰你的家庭、智囊團和員工，那你就會像許多愛好革命的極端主義者一樣，和自由路線背道而馳。如果你無法和能使你成功的自由力量相融合，那你就絕對無法從對失去自由的恐懼感中觸放出來。

◆第七種恐懼：死亡

對死亡的恐懼，是所有恐懼中最基本的一項。由於這是一種普遍存在，而且與日俱增的恐懼，故想要驅除它是相當困難的。

死亡是絕對無法逃避的，而且無論我們的信仰是什麼，死亡仍然是個謎，因為我們對死亡都沒有經驗。想要對死亡的性質做一完整且明確的回答是不可能的，而對我們不了解的事情產生恐懼感，又是人類的一種天性。

事實上，對死亡的恐懼比任何其他力量更會使你停止努力。當一個人一直處在人必死亡的陰影下時，很容易會感到所有的行動都是徒勞無益的，而且所有的努力也都沒有意義。

這種想法卻忽略了一項基本事實：你生命中的每一刻都是有價值的，整個世界是以你為中心在運行，你的行動會造成遠超過於你目前狀況的正面效果。即使你的生命即將終止，但你所愛的人，以及那些你不認識的人的生命卻未結束，你對於人類的普遍幸福應有義務性的認知。

讓我告訴你我克服恐懼死亡的方法。我曾經注意過生命、死亡以及世界的性質。我發現最後只有二種可能的結論：無論死亡是一種長眠，或是生活在另一種更高境界的經驗，我們都不必對它感到害怕，因為這都是不可逃避的結果。

只要你了解了這一點，便可驅除對死亡的恐懼。你不必去討論它，也不必去想它，你只要知道有一天你將會面對它，而且你也無法為它做任何事，就可以了。既然無法避免，就乾脆接受此一事實。只有愚蠢的人才會整天去擔心自己無法控制的事情。

以希望取代恐懼

驅除對死亡的恐懼最好的方法，就是不要去理會它。同時這也是你驅除其他恐懼的最好方法。因為如果你老是想著這些恐懼，它們就會陰魂不散地一直縈繞在你的腦海中。許多人一直想著他們不希望發生的事情，但往往這些事情就是會發生。

何不把這些你不想發生的事情拋諸九霄雲外，而把你的心靈空間，留給那些你希望發生的事呢！

你應該學習使你的心神集中在你想看到的事件、情況和環境方面。當你的內心浮現出明確的目標時，就是你開始產生信心的時刻。當你培養出信心時，就能夠召喚出無窮智慧來幫助你，實現你的明確目標。

只有在你運用信心時，它才有發揮的機會（這就好像你無法在不運用肌肉的情況下，要求發展肌肉，或者不想投資但又要求增加資本一樣）。百折不撓的行動，加上明確目標的導航，必然會使你產生信心。

展現信念的力量

將信念運用到實際行動中的不二法門，就是積極的態度。以下將說明建立信心和積極態度的步驟。

◆步驟一：建立目標

遵照第二章的指示先建立一明確目標，並且朝著目標前進，確定你要的是什麼，並且努力去得到它。但應確定你所希望的目標是值得你努力，而且你可能達成的目標。別小看自己的能力，但也別訂出一個遙不可及的目標。

◆步驟二：分析利益

寫下你的明確目標會為你帶來的種種益處，並時時在腦海中想著這些益處。這可使你藉著自我啟發的力量創造出成功意識，而成功意識可在事情進行得不太順利時，堅定你達到目標的決心。

如果你被一件難以達成的事情困住時，則可以想一想一旦你得到解脫之後，想要做些什麼事，並且對此一期待報以微笑。

◆步驟三：堅定信念

早晚祈禱你所訂的目標之實現，以堅定你對目標的信念。想想看，當你達到目標後的歡愉感覺。當你達到一個目標之後，再設定一個新目標。但切勿因為達到目標就感到自滿。

比爾・蓋茲（Bill Gates）創設了供應全世界百分之七十電腦操作系統軟體的微軟公司。在他三十五歲之後，他的公司就已發展成比麥當勞、狄士尼還要大的企業。但他從此就停止進步了嗎？

不，他仍然不斷地想像他為自己和公司，能扮演什麼新的角色。他在三十七歲時，開始提供一種可以使辦公室內的所有機器都能連線作業的系統：電話、傳真機、電腦全都能一起工作。他成功地說服ＡＴＴ和ＩＢＭ等大企業加入行列，共同開發並且生產此一重要系統。

你將會達成你為自己設訂的目標，每天都要運用一切方法培養你對未來的遠見。

◆步驟四：強化欲望

盡可能地將設立明確目標所列的十項基本行為動機，和你的明確目標連繫起來，給你自己下一道強制性的命令，去做你想要做的事，並盡可能地每天在腦海裡回想一次這道命令。

如果你的命令中包括一棟漂亮的房屋、一輛高雅的汽車和一個高品質衣櫥，那就常常想著這些目標吧！你可以模仿駕著那輛車的動作，或想像那棟房子的美麗，多多運用你的想像力來強化你的欲望。

◆步驟五：結交良師益友

和那些支持你和你的明確目標的人交往，並接受他們的鼓勵，這些人可能是你的同事、朋友或家人。

一位房地產經紀人帶著沮喪的神情回到家中，當她不順心的嘆氣時，她的丈夫拿出她的「百萬富翁俱樂部」證書以及一張買主的名單問道：

「妳看看這些是什麼？是誰賣掉這些房子的？是誰賣掉那棟坐落在湖邊費時二年還賣不掉的房子？是誰看中那棟夢想中的房子的？最近的一個售屋案子不是最好的案子嗎？」

她聽了丈夫的鼓勵之後再度打起精神奔向戰場。而她的丈夫呢？別認為那些鼓勵的話不會鼓舞她的丈夫，同樣也別認為他在說完那些鼓勵的話之後，在自己工作方面不會有所進步。我們每個人都需要別人的鼓勵，而鼓勵他人的同時，也會為自己帶來同樣的好處。

◆步驟六：選擇榜樣

選擇一位富裕、自力更生和成功的人做為「榜樣」，並時時想到你不但要迎頭趕上，而且還要超越他。別告訴別人你所選定的榜樣，因為選擇榜樣的目的不在於進行公開的競爭，而在於藉著比自己強的人，來確立你要走的方向。

◆步驟七：營造環境

在你的四周放置書籍、圖片、座右銘和其他具有暗示性的東西，挑選一些象徵並能強化成就和自力更生意義的東西，隨時添加這些可使人警惕反省的東西，並且隨時變更放置位置，以使你有機會從不同的角度觀看這些東西，並和其他不同的東西發生連繫。

上述那位房地產經紀人，將她的「百萬富翁俱樂部」證書的影本框起來，放在她的書桌上。有一天她把證書拿出來，清除上面的灰塵，清完灰塵後隨手放在一份報紙上，當她準備再去拿證書時，發現報紙上有篇報導一位最近被僱用的足球教練的新聞。「他總得要有個可以住的地方吧！」她心想。你猜猜看她把她最近想要賣的一棟房子賣給誰了？

當你營造出具有建設性的氣氛時，可將你所聽到和讀到的鼓勵字句記在筆記本上。如果你能在路上或開會時快速地書寫數語，則將會為你帶來長久的助力。

◆步驟八：實際演練

別在過完一天之後，才發現當天的所做所為，對明確目標沒有一點明顯的貢獻。雖然房地產經紀人無法每天都賣出一棟房子，但是他們每天都會帶著客戶去看房子、會談論他、回顧潛在客戶名單、演練銷售技巧、想像為一個家庭介紹那麼美麗的房子，雖然這些活動並非實際的銷售行為，但都是實際銷售行為的一部分。

◆步驟九：處理異議

別因為遇到了反對意見就想要逃避，而應運用你所有的資源就地和反對者戰鬥。但這並不是說要對那些向你說「不」的人揮動拳頭。而是說不要接受那些反對意見，要盡一切努力改變反對者的心意。或者你應該反躬自省，看看你有什麼做得不對的地方並加以改進。有的時候逆境反而是一種檢驗的機會，它可提供你使自己更進步的方法。

記住，你之所以成為一個獨立的個人，並且處於一定的處境，乃因為你的心中堅持著某種觀念和想法。如果你遲遲不肯運用這些觀念和想法的話，那就等於給自己帶來更多的限制和挫折。

◆步驟十：保持戒慎

為完成任何有價值的事情，都須付出一定的代價，任何有價值的事情也值得去做。自力更生的代價就是當一個人在運用信心時，必須時時保持戒慎的態度。

關上通往恐懼的門之後，你會很快地看到通往信心的大門。增加和運用信心是一段費時而且需要奉獻的歷程，你在這方面的努力是無止盡的；因為你所能運用的力量是無限的，因努力而獲得的回報也是無窮的。

第九章

培養愉快的個性

成功定律的第九條，是培養愉快的個性。令人愉快的個性，就是一種發展圓滿的個人特質。

為了達到此一目標，你必須努力改善下面的個性特質，其中有許多特質，是彼此息息相關的。改善了這方面的特質，也將有助於其他特質的改善。

積極的態度

積極的態度，是無論在任何情況下，都應具備的正確態度。這種態度是由「正面」的個性特質所構成的，諸如「信心」、「正直」、「希望」、「樂觀」、「勇氣」、「進取心」、「慷慨」、「耐性」、「機智」、「親切」和「豐富的常識」。

積極的態度是迷人的特質中具有吸引力最重要的部分。事實上，在十七項成功定律中，有許多項都以它做為關鍵性的要素。積極的態度影響你說話時的語氣、姿勢和臉部表情，會修飾你說的每一句話，並且決定你的情緒感受，它還會影響你的思想，以及影響思想所帶來的後果。

為了比較起見，讓我們來看一下消極態度的影響。消極的態度會澆熄你的熱情、蒙蔽你的想像力、降低你的合作意願，使你失去自制能力、容易發怒、缺乏耐性，並且使你喪失理性。

既然消極的態度對你的破壞力如此之大，所以你最好還是待在家裡，別出來和人競爭，消極態度只會為你樹立敵人，並且摧毀你的成就和朋友。

如果一位律師帶著消極態度步入法庭，即使他所辯護的是全世界最棒的案子，還是無法說服法官和陪審團。

你會對一位容易發怒而又悲觀的醫生產生信心嗎？不！人們是絕不會容忍消極的態度。相形之下，積極的態度為你開啟了一扇門，並允許你展現技巧和雄心壯志。

想想看那些帶著信心步入法庭，並且以無比的確信，贏得法官和陪審團支持的律師吧！難道你不想讓一位能使你放鬆心情，以平和的語氣回答問題，而且展現專業知識的醫師為你看病嗎？

積極的態度也是其他各種個性特質的構成要素，了解和應用其他個性，將會強化積極的態度。

彈性

在邁向成功的路途中，使自己能夠迅速適應環境變化和緊急狀況，而不會變得驚慌失措或沈不住氣，是一項很重要的技巧。「保持彈性」意味著你必須表現得像變色龍一樣，快速地適應你所處的環境。

但這並不是說你應該放棄原則或是變更目標，無論變色龍變成什麼顏色，還是一隻變色龍。保持彈性是你應了解你所面臨的狀況，到底是好是壞，完全由自己的態度來決定。

如果你的產品因為品質不良而被退貨，到底是好還是壞呢？如果你有彈性，這樣的情形無疑是好的，你可趁此機會檢查產品瑕疵，及早改善產品品質或行銷技巧，由於你已經有了積極態度，更可促使你抓住此一機會。

彈性也意味著，你了解在任何談判中，你的對手所提出的種種要求，是為你「提供更好服務」的機會。如果有人要求你在出貨日前一週就交貨時，你可想像得到這位客戶絕不是唯一提出這樣要求的人，此時你便獲得一個機會去思考如何生產得更快、更好。

對目標的真誠態度

沒有任何事物可以取代你對實現明確目標的誠摯態度，你應將對目標的真誠態度表現在言行中，以使得每一個人都能看到它的存在。如果你的表現不夠真誠，就會立刻顯現在你的言行舉止中，任何偽裝技巧都無法掩蓋心中的不真誠。

凡是唯唯諾諾的人，必將成為人們的笑柄，因為每個人都看得出這種人所表現出來的不真誠態度；同樣的，如果你能秉持真正的誠摯態度，別人也會看得到。

卡內基曾經告訴我，他叫一位新進人員到他的辦公室，並給他指示的故事。這位新進人員聽完指示後，便凝視著卡內基的雙眼，面露和善地微笑說道：「好的，老闆，你有最後決定權，但是我想告訴你，你的指示將會使你花費一筆錢，因為你對這件事情的調查沒有我調查的詳細。」

這位新進人員的確信態度（但卻沒有任何不服從的意思），使卡內基決定暫緩做出決策，並且繼續調查此事。結果他發現，他原先的看法是錯誤的，而這位新進人員的觀點才是正確的。

這位先生名叫查爾士．史瓦布（Charles M. Schwab），他最後促成了卡內基和美國鋼鐵公司創辦人摩根先生的交易。

史瓦布後來自行成立了大型的伯利恆鋼鐵公司，他成就非凡事業的起點，就是他對所有目標所抱持的真誠態度。

先對你自己真誠，而後你的獨立精神，將會不斷地穩定成長。

如果你對目標抱持真誠態度，此一態度將會強化其他所有的個性特質；當你必須展現彈性時，還有什麼比堅持明確目標更能指引正確的方向呢？

迅速做決定

做事情拖拖拉拉的人，不會受人歡迎。

在這個變動快速的世界裡，做事慢吞吞的人，根本無法跟上現代人的步調。成功的人，做決定既明確又快速，這樣的人，無法忍受那些做決定慢或不明確的人。迅速做決定是一種習慣，然而，這種習慣卻需要靠積極態度的支持，因為它給你信心。

迅速做決定和你對目標的真誠態度也有很密切的關聯，你愈能確信明確目標的價值，就愈能迅速拋棄會令人混亂的意見。而選擇那些能朝目標邁進的意見，你的選擇是在快速獲利，和與客戶維持長期關係之間，所做的一種抉擇，你對目標的真誠態度，有助你迅速做出決定。

雖然到處都有機會，但機會卻稍縱即逝，如果你不能迅速做出決定，即使你已發現機會，機會還是會離你而去。

禮貌

世界上最廉價且能得到最大效益的一項特質，就是禮貌。雖然它是人類一種自發性的行為，但很不幸的，現在已很難看到這樣的特質了。正因為如此，所以它的表現讓人覺得更具有價值。

禮貌是無論在任何情況下，都能尊重他人的感受，有助控制各種自我本位主義形式的一種習慣。但切勿把過度的行為表現誤認為禮貌，如果你因為主持會議而侮辱到他人，儘管表現得宜，卻無法平撫他人遭受侮辱的感受。

智慧

做任何事情都有適當和不適當的時機，智慧就是在適當時機做適當的事，說適當的話。智慧和禮貌有很密切的關係，一個人不可能只具備其中一種而缺少另一種特質。智慧是一項無價的處世技巧，表現智慧和缺乏智慧，會造成截然不同的結果。

以下是缺乏智慧時最常發生的情況：

1. 不注意自己說話的語氣，經常以不悅而且對立的語氣說話。
2. 應該保持沉默的時候偏偏愛說話。
3. 打斷別人的話。
4. 在每個句子中都用「我」這個字，過於自我重視。
5. 以傲慢的態度提出問題，給人一種只有自己最重要的印象。
6. 在談話中插入一些和自己有密切關係，但卻會使別人感到不好意思的話題。
7. 不請自來。
8. 自吹自擂。
9. 嘲笑社會上的穿著規範。
10. 在不適當時刻打電話。
11. 在電話中談一些別人不想聽的無聊話題。
12. 對不熟悉的人寫一封內容過份親密的信。
13. 不管自己了不了解，而隨意對任何事情發表意見。
14. 公然質問他人意見的可靠性。
15. 以傲慢的態度拒絕他人的要求。
16. 在別人的朋友面前說一些瞧不起他的話。
17. 指責和自己意見不同的人。

18. 評論別人的無能。
19. 當他人的面，指正員工或同事的錯誤。
20. 請求別人幫忙，被拒絕後心生埋怨。
21. 利用友誼請求幫助。
22. 措詞不敬或具有攻擊性。
23. 當場表示不喜歡。
24. 老是想著不幸或痛苦的事情。
25. 對政治或宗教發怨言。
26. 表現過份親密的行為。

如果你認為這些都是一些小缺點，你就錯了。因為這些缺點混合在一起，會加速負面影響力。你願意和平常就顯露出三種缺點的人交往嗎？這些缺點意謂著，缺乏感受和細心體諒的能力，並且會使人對你的智慧產生懷疑。任何想要培養愉快特質的人，都應遠離這些缺點。

說話語氣

語言是我們表現自己個性特質最常用的一種方法。

你應控制自己說話的語氣，以期所傳達的不只是單純文字而已。若用不同的語氣來表達相同的文字時，所傳達的意義就會有所不同。

你可以用充滿信心的語氣，說「我在星期四以前需要那批貨」這句話，以使供應商了解到你有充分的理由提出這樣的要求。如果你以焦慮的語氣說這句話，你的供應商可能會察覺你目前正處於困境，可能趁此機會抬高價錢。如果你以生氣的口吻說這句話，則可能使已建立數年的關係毀於一旦。

練習控制你說話的語氣，聽聽你的語調。當你能以充滿信心的語氣說話時，你的積極態度和對目標的真誠態度，也會同時表現出來。

微笑的習慣

培養令人愉快的個性時，千萬別小看經常保持誠摯微笑的重要性。這種微笑的習慣，對你自己的影響也是很大的，當你生氣時試著保持微笑，這個簡單的動作，可使人保持冷靜，而且還能提醒你時時不忘保持積極態度。

保持微笑可使你擊敗最冷酷的對手，因為想要對微笑的人動怒，是件不容易的事。

在鏡子面前練習微笑，如果能一起練習控制說話語氣就更好了。這兩項特質息息相關，都會影響別人對你的感覺，同時對你自己的行為，也會有一定的影響力。

臉部表情

這項特質和說話語氣、微笑有著密切的關係。我們通常可從別人的臉部表情，察覺他心裡在想什麼事情，而實際上，我們也常以此做為判斷的基礎。例如，有經驗的推銷員在這方面就有獨到的功夫。

如果你愈能了解和控制臉部表情，就愈能解析別人的臉部表情，在你對著鏡子練習說話語氣和微笑時，不妨同時也練習一下臉部表情。

寬容

寬容是對那些在想法、習慣和信仰方面與你不同的人，表現出耐心和光明正大態度的一種行為。

敞開心胸接受新觀念和新資訊，並非是為了使自己的個性更有魅力而已，雖然寬容與機智有著密切的關係，但寬容比智慧更能辨認，並且抓得住對自己有利的事物。你或許無法學會所接觸到的所有新觀念，但是，你可以研究並嘗試去了解它。

缺乏寬容之心，會為你帶來下列不利的情況：

1. 使原本願意和你做朋友的人變成敵人。
2. 由於不願求取新知而阻礙了心靈的發展。
3. 阻礙想像力的發展。
4. 不利於自律的培養。
5. 妨礙正確的思考和推理。

愈缺乏寬容之心，就會愈封閉自己，因而無法接觸到多樣的社會現象，以及思想的精神層面。反之，只有樂於接受新的觀念，才能使思想的精神面不斷發展茁壯。

坦白的態度和言詞

任何人都不喜歡態度欺瞞而不坦率的人。做人狡猾而且說話不直接了當，喜歡拐彎抹角的人，是絕對不可靠的。

這種人的問題，並非在於他們公然說謊，而在於他們表現出和說謊具有同質性的行為：他們故意對那些有權知道事實真相的人隱瞞真相，這是一種有損健全人格的卑劣、不誠實的行為。

具有真正健全人格的人，勇於直接和他人說話以及交往，而且即使在對自己不利的情況下，仍然堅守此一習慣。

如果你認為可將前面所舉出的各種特質，用來從事一些詐欺計畫，那你就大錯特錯了。缺乏真誠坦白的態度，你的其他特質將無法發揮作用。如果你淪落到非使用一些詐欺伎倆的地步時，你對你的明確目標還有什麼信心？你又是以什麼樣的態度來面對目標呢？

幽默感

適當的幽默感，有助保持彈性以及適應變化多端的生活環境。幽默感可使你在壓力中放鬆自己，並使自己一直保有人情味，而不會變得冷酷、疏離、生氣或苦惱，它可使你的生活不至於太嚴肅。

應該笑而不笑的人，等於放棄了最佳的精神振奮劑。當你的產品或計畫出現了瑕疵時，發掘這種情況的幽默面，將會振奮你的精神，並使你得以再重新開始。否則的話，你可能因此而感到挫折沮喪。

此外，幽默感可使簡單的微笑動作變得更容易，而且也有助於增強你的積極態度。

對無窮智慧的信心

所有成功定律中，都包含有信心這個成份，信心是所有偉大成就的根本要素。在實現明確目標的過程中忽視信心，就好像研究星象，卻又不理會星星一樣。由於信心對成功的影響很大，所以，它也是十七條成功定律之一。

對無窮智慧的信心，會激發出對其他人的信心。信心本身會不斷地再產生信心，那些對無窮智慧、對自己和對他人有信心的人，會激發他人對自己產生信心。

進取心、想像力、熱情、自力更生和明確目標，最佳的表達管道就是信心。人類的思想，是被設計來成就事物的一部錯綜複雜的機器。而機器的動力，則來自思想以外的地方，信心就是使我們得以接觸，並獲得這股強大力量的大門。

然而開啟信心之門的，則是我們的欲望或動機，除此之外別無他法，但大門開啟的幅度，卻必須視欲望或動機的強度而定，只有強烈的欲望，才能完全打開信心之門。

記住，強烈的欲望，是具有強烈感情色彩的欲望。理性的動機，開門的幅度，遠不如發自內心感性的動機去開門的幅度來得大。

信心可藉著解除思想中的種種束縛，排除個性上的障礙。缺乏寬容難道不是封閉自己思想的外在表現嗎？就像一盞燈就可照亮黑暗一樣，敞開心胸迎向可使你實現生命中所有欲望的力量，便可革除缺乏寬容之心的缺點。

信心使我們看到了自己，以及居住在這個星球上的人的前景。此一前景使得我們更能理解所有的人際關係；因此，信心遂成為迷人個性中，各項特質的中心支柱。

信心也給我們了解過去世俗障礙，洞悉新的解決之道以及新的成功方法的力量，就像有人說過的一句話一樣：「只要有信心引領方向，我們是絕不會迷路的。」

信心的力量是取之不盡、用之不竭的，它是一種可以無止盡循環使用的資源，這充分顯示出，造物主希望我們能盡量使用的心願。

每個人都可以很容易地就取得信心，而不必付任何費用。只要你想要運用信心，便可自由地去使用。

你可以完全控制的唯一東西，就是你的思想（Thoughts），這是真正屬於你的東西，就存在你的內心裡，你的內心可充分且完全的運用信心的力量，以驅除心中的種種束縛。

正義感

除非你能以公正的態度對待他人，否則即無法培養出迷人的特質，而且也無法達到明確目標。正義感的一項不可或缺的根本要素，就是「動機誠實」（intentional honesty）。許多人把誠實當作是一種權宜之計，但由於這種誠實態度的彈性太大，致使它可能會被扭曲成謀求自己利益的一種手段。在培養坦白的說話態度時，你就已經在實踐「的誠實動機」方面，跨出了重要的一步。你必須堅持這種誠實美德，並且無論是否會為你帶來立即的好處都要實踐。

即使正義感無法使你抓住每一次的獲利機會，卻能為你帶來下列的實際好處：

1. 它為你建立起信心的基礎；沒有信心你將無法培養出愉快的個性。
2. 它建立起深具魅力的誠摯和健全的性格。
3. 它不僅會吸引他人的注意，同時還提供獲得真正而且永久不變之個人利益的機會。
4. 它使你培養獨立和自重的精神。
5. 它強化你的道德良知，並因而使你的行動更為迅速，因為此時你的動機和欲望比以往更加清晰。

6. 它吸引值得你交往的朋友並且擊敗你的對手。
7. 它敞開你的心胸迎向信心。
8. 它保護你免於陷入破壞性的爭議，想想看，有多少傑出人物因為言行不慎而走上自我毀滅之路。
9. 它鼓勵你以具有魅力的個性朝向明確目標邁進。

正義感不僅是一種獲得實質利益的工具，同時還能強化各種人際關係，它驅除貪婪和自私，並使你更了解你的權益和責任，而所有其他個性特質也將因為有了正義感而更有力量。

適當的措詞

成功的人以細心和專注的精神來得到他們想得到的東西。你的措詞必須能夠精確地反映出此一特質，就好像一份良好的行銷計畫一樣。

切勿養成滿嘴詛咒、猥褻或膚淺的說話習慣。你應該精確地使用文字，並使它們能清楚明確地傳達你想要表達的意思。

如果你對自己的說話技巧感到懷疑，不妨藉閱讀做為改善的方法。我就認識一位每天花半小時閱讀字典的人，而他真的唸完了整本字典。我從來沒有聽他說過什麼不當的話，而且他那清晰的說話內容，使我印象非常深刻。

如果你覺得這個方法不太適合你，也可以從一些教導自我改善的書籍或錄影帶中找到增加字彙能力的方法。增加對語言的控制能力，是不會為你帶來任何損失的。相反的，它會去除你在說話時，那些令人感到無聊想打瞌睡的贅字。

正確使用文字的技巧是非常重要的，因為一般人通常都會以說話內容的好壞做為判斷一個人的依據。如果你能以直接、清晰且易懂的方式說話或寫信，則所有其他的特質，將會更快且效果更好地顯現出來。況且，如果不能正確使用文字，你的智囊團就可能會因為成員弄不清楚目標或計畫而步上解散的命運。

生動的演說

生動的演說，比適當的用字遣詞更重要，結合坦白、適當措詞和其他特質，將使你成為一位具有堅定信念和說服力的有力溝通者——無論你是在會議中對眾人演講，或是單獨和某人對談，都會出現相同的結果。

一場生動而且具有激勵作用的演講，對文明的發展方向，具有相當大的影響力。國家的命運，往往受到那些懂得生動演講技巧者的力量所左右，而且都留名青史。你的抱負現在或許沒有那麼偉大，但為什麼不培養這種抱負呢？

為了使自己也能掌握生動的說話技巧，你必須在日常生活中，就練習合乎邏輯而且充滿說服力的說話方式。如果你能在每句話中，都注入必要感情的話，則當你在進行正式語言表達時將更具影響力。

然而再生動的演說技巧，也無法把已經失去的聽眾再拉回來。一句諺語說道：「了解你要說什麼，運用感情說出想說的話，說完後就坐下！」最後一句才是重點。記住，演說內容愈短愈好，說完你想說的話之後就應立刻停止。冗長的演講，會增加聽眾的負擔，而且一點也不尊重聽眾的時間，這種演講一點說服力也沒有。

如果你不以聽眾能接受的方法進行演說，同樣也會招致失敗。切勿在你的新客戶面前，使用一些專業術語或技術性詞句。利用舉例和圖解說明，將會使你的說話內容更加生動，並可使你所傳達的訊息更切中重點。如果你在對一家從來沒使用過電腦的公司解說產品時，使用過多專業術語的結果，將是看到每個人都在打瞌睡。反之，如果你說明如何透過電腦連線作業，使員工如何能夠迅速地分享資料，以及電腦可使員工作業更迅速有效率的功能的話，則你將看到所有聽眾都爭相和你進行交易。

當你說話時應充分利用手勢，但切勿用手拂頭髮，或把手插入口袋。你可觀察其他的演講者，是如何運用手勢來強調說話的語氣，並且在鏡子面前練習這些手勢。

你在控制說話語氣方面的努力，將會在公開演講時得到回報，經由說話的語氣可傳達你的熱情、信心和份量。熱情是各種演說的核心要素，因為它使你能夠將所有為了表現傑出演講所必要的要素，完美地融合在一起。聽眾很難不被發自真誠的熱情所感動，這種誠摯的熱情具有感染力。如果你具備了真誠的態度，同時對自己的明確目標也充滿信心的話，就能自在地在話語中表露出明顯的感情，而這正是生動演說不可或缺的要素。

情緒的控制

在我們所做的事情當中，有許多都受到情緒的影響。由於我們的情緒可為我們帶來偉大的成就，也可能使我們失敗，所以，我們必須了解並且控制自己的情緒。首先應該做的是，了解對我們有刺激作用的情緒有哪些？我們可將這些情感分為七種消極和積極的情緒。

七種消極情緒為：

1. 恐懼
2. 仇恨

七種積極情緒為：

1. 愛
2. 性

3. 憤怒
4. 貪婪
5. 嫉妒
6. 報復
7. 迷信

3. 希望
4. 信心
5. 同理心
6. 樂觀
7. 忠誠

以上十四種情緒，正是你人生計畫成功或失敗的關鍵，它們的組合，可造成意義非凡，又可造成混亂無章，完全由你決定。

上面每一種情緒都和態度有關，這也就是為什麼我一直強調態度的原因。這些情緒實際上就是個人態度的反映，而態度是你可以組織、引導和完全掌控的對象。

為了達到組織、引導和掌控的目的，你必須制約你的心理，你必須對在思想中產生的各種情緒抱持著警覺性，並且視其對態度的影響是好是壞而接受或拒絕。樂觀會增強你信心和彈性，而怨恨會使你失去寬容和正義感。如果你無法控制自己的情緒，你的一生將會因為不時的情緒衝動而受害。

如果你正在努力控制情緒，可準備一張圖表，寫下你每天體驗並且控制情緒的次數，這種方法可使你了解情緒發作的頻繁性和它的力量。一旦你發現刺激情緒的因素時，便可採取行動革除這些因素，或把它們找出來並且充分利用這些因素。

將你追求成功的欲望，轉變成一股強烈的執著意念，並且著手實現你的明確目標，這是使你學得情緒控制能力的兩個基本要件。這兩個基本要件之間，具有相輔相成的關係，而其中一個要件獲得進展時，另一要件也會有所進展。

保持感興趣

你必須能夠對任何人、事、地、物都保持興趣，而且只要有必要，就應一直保持下去，如果你無法做到這一點，則其他個性將一無用處。

在他人需要你的注意時給予注意，這比光只是說些恭維的話要來得有效果。做個好聽眾比做個善於言詞的人，更能得到成就。

如果你已有了吸引你興趣的對象時，將可從這個對象獲得最大的利益。但如果你玩弄口袋中的小東西，不時地看手錶或頻頻將目光移開的話，對與你談話的人來說實在是一種侮辱。

此時不但你會漏掉談話中的重要部分，同時對方也會馬上察覺你對談話不感興趣，而不再談下去。

未能注意行為細節，以及周遭發生的瑣碎事情，是人類常見的通病。你曾經有過未察覺潛在客戶，在同意你的建議之前，態度猶豫不決的經驗嗎？如果你能察覺此一現象，將有助你提供更好的服務，你可能因此而了解到其他的服務（亦即潛在客戶樂意在每年經過短暫友善的接觸之後就續約的服務）更具有提出的價值。如果你未能察覺潛在客戶的這些小反應，就可能必須花較多的功夫，不斷地說服他接受那些心中還感到半信半疑的服務價值。

對與你共事的人保持高度的興趣，也是非常重要的一件事，你可以得知他們的成功之道，以及失敗的原因。在你的智囊團中，你必須注意可能會影響到團員意見的各種狀況。

你的記憶力也會因為對人感興趣而增加，如果你曾經清楚地記下了一些應該著手去做的事情的話，你的腦海中便一直會記得這件事。

良好的記憶能力，是你與人相處時的一項非常實用的工具。如果你能回憶起談話的詳細內容（包括對方生活中的小細節），正足以顯示你曾經給予對方高度的注意。每個人都會因為第二次介紹給對方，而對方仍然想不起來的情景而感到窘迫不安。如果你能讓對方知道你對他記憶深刻，那每個人必然都很樂意和你交往。

培養興趣

無論你對自己所從事的領域，了解有多麼透徹，如果你對這世界沒有廣泛的興趣，別人還是不認為你具有什麼魅力，即使你和你的朋友可以繞著工作話題談論好幾小時，但你還是會像牙醫師去糖果店一樣地不受歡迎。

要求自己熟悉當代發生的問題，並且在工作之餘培養一些嗜好，它們會拓展你的性格，並且使你更了解自己。如果你能了解自己，就更有能力去了解別人，而對方也會因此而感激你。

喜歡與人接觸

就像狗能分辨喜歡和不喜歡狗的人一樣，人也會很快地分辨出所交往的人，是否具有喜歡與人接觸的特質。人們排拒那些天生就不喜歡與人相處的人，但卻會被那些顯露真正熱情的人所吸引。

即使你認為可以用一些手段掩飾你對人們的疏離，但對方還是會感受到你缺乏人情味的個性。

你應導引思想對抗所有冷酷的衝動行為，並且注意控制你的脾氣，發脾氣是情緒失控的表現。而當情緒失控時，你可能會突然說出或做出一些對自己和他人都造成重大傷害的話或事情。情緒失控的人會說出尖酸刻薄的話，而語氣之傷人，有如雷射刀一樣的銳利。

對他人無寬容之心，是自私和缺乏自律的一種表現，同時也是失敗主義的象徵。光只是對別人訴說你最近的不幸，或是生活無目標的感覺，對任何人都是沒有幫助的人。人們會原諒那些目標放得高，但最後卻失敗的人。

缺乏努力精神，卻又不斷向別人提起自己缺乏進取心的人，充分顯露出對他人的心情完全不在意的個性。如果不能對他人保持高度的興趣、寬容之心和尊重，對方也會本能地給你相同的回報。

謙恭

在迷人的個性特質中，絕對找不到傲慢、自大和本位主義的影子，千萬別把謙恭和懦弱混為一談。真正的謙恭，是對於「即使最偉大的人，也不過是整體中渺小的一份子」的道理的認知。謙恭的人，了解自己目前所擁有的幸福，是要用來為眾人謀福利，而不是做為話題來談論的。

如果你正在學習謙恭的話，不妨運用「對他人高度興趣」的原則，以便將你的注意力轉到你以外的話題上。當你的信心增長之後，你就會認識到這個偉大世界的重要性和它的價值。信心強的人總是有一顆謙遜的心，而這個特質永遠都值得被人讚美。

生動的表情和行為

臉部表情、說話語氣、適當的用字遣詞、生動的演說、情緒控制、禮節、多才多藝、幽默感和智慧，將這些特質結合起來之後你就能在任何必要時刻，吸引別人的注意。

所謂的表演，並不是指賣弄技巧、扮演小丑、說俏皮話或是和人閒聊，雖然這些特質同樣也會吸引別人的注意，但是卻會使人感到厭煩。有效而且極度運用前面所說過的個性特質，並把它們結合起來融合貫通，會使你無論在和一個人或一千人相處時，都會感到得心應手。

光明磊落的運動家精神

具備了勝不驕、敗不餒的精神，很快就會得到別人的尊重。運動可使人養成這種習慣，但是如果你從來沒有去過運動場或球場，則只要不會讓別人覺得無法忍受，就可以要求別人接受你的參與。

你在工作之餘的嗜好，是培養此一特質的良好機會。彈性、機智和謙恭有助於你展現運動家的精神，要求自己無論在任何情況下，都要保持友善的態度，如此一來別人將樂於和你共事。

結實的握手

這是一個很簡單的技巧。真的，但是它所予人的第一印象，以及日後每次見面時所產生的效果卻是無價的。握手時應結實而且友善，但不要抓得太用力；你希望建立雙方的熱情與合作，而不是要樹立競爭對手吧！有氣無力的握手，所傳達的是輕視對方的態度或自己的軟弱。

當你在握手時，不妨說一些問候的話，並在加強重要字眼時，握緊對方的手。當你在說問候的話時，應一直緊握著對方的手，以加強他對你的印象。

在問候對方時，語氣應直接而且肯定，對方會把此一特質，和你整個個性聯想在一起。

個人魅力

這個特質是性能量（Sexual energy）的一種婉轉說法。這是所有個性中唯一天生且無法經由後天努力改善的特質。雖然你無法增強你的性能量，卻可以運用它。

性能量是一種具有推動力的宇宙力量，在只有你能正確地運用自己性能量的情況下，它才會對你有所幫助。

所謂正確運用，並非指對自己的朋友和潛在客戶進行生理上的引誘，這樣做只會造成大混亂，也違背其他的個性面，例如誠實。

你應該將你的性能量導入你的努力行為中，使你的努力（不是你的身體）成為吸引他人的泉源。

運用你的性能量來培養你的熱情，展現你喜歡和人接觸的特質，強化你的待人處事風格，並且改善你說話時的語氣。你的手勢和姿勢，同樣也會反映出此一特質。

在愉快個性的特質中，性能量是一項強而有力的要素，但是只有當其他方面的個性特質已有所精進時，才會對你有所幫助。

結論

很明顯的，各種特質之間，具有相輔相成的關係，而且其中一種特質的進步，也會促進其他特質的進步。有些個性特質（例如結實的握手）很快就能學會，但有些就必須靠你持續不斷地努力，才能見到功效。仔細而誠實地分析自己的個性，並確定在你的個性中，沒有任何會令人感到不愉快的特質，即使是你最好的朋友，也未必會告訴你個性上的缺點。

你在分析自己個性上所做的努力，必將得到加倍的回報，因為這樣不僅會使你真正地審察自己，同時還使你有能力分析並且了解別人。

最後，千萬別誤以為你已經做了所有能改善個性特質的事情，個性特質的標準（就像它所帶來的報酬一樣）會隨著進步不斷提高。

第十章

充滿熱情

熱情和積極態度，以及與成功過程之間的關係，就好像汽油和汽車引擎之間的關係一樣。熱情是行動的動力。

你可運用積極態度來制約你的心理，同樣的，你也可以運用積極態度來控制你的熱情。如此一來，熱情便能不斷地注入你心靈引擎的汽缸中，並在汽缸內被明確目標發出的火花燃燒和爆炸，繼而推動信心和進取心的活塞。

熱情是一股力量，它和信心一起將逆境、失敗和暫時的挫折轉變成行動。然而，此一變化的關鍵，在於你控制思維的能力。因為稍一不慎，你的思維就會從積極轉變成消極。藉著運用熱情，你可以將任何消極表現和經驗轉變成積極表現和經驗。在討論自律的章節中，可找到強化自律的方式。

運用熱情的好處

運用熱情會為你帶來許多好處：

1. 增加你思考和想像的強烈程度。
2. 使你獲得令人愉悅和具有說服力的說話語氣。
3. 使你的工作不再那麼辛苦。

4. 使你擁有更迷人的個性。
5. 使你獲得自信。
6. 強化你的身心健康。
7. 建立你的進取心。
8. 更容易克服身心疲勞。
9. 使他人感染你的熱情。

熱情對你潛意識的激勵程度，和積極態度的激勵程度是一樣的，當你的意識中充滿熱情時，你的潛意識也同時烙印著一個堅定不移的印象——亦即你的強烈欲望和你為達到該欲望所擬定的計畫。

當你對熱情的意識變得模糊時，你的潛意識中仍然留存著對成功的豐富想像，並會再次點燃殘存在意識中的熱情火花。

熱情失控的危險

熱情就像汽油一樣，如果能善用，它就會做一些有意義的工作，如果用之不當，就可能出現可怕的後果。

熱情失控可能會使你壟斷談話的內容。如果你一直談論你自己，則其他人就會降低和你談話的意願，並且在你尋求幫助和建議時，拒絕給你幫助和建議。

你必須注意勿使你的熱情蒙蔽了判斷力。切勿因為你認為某項計畫很好，就把它洩露給你的競爭對手。如果你能看出它的價值，別人同樣也看得出來。在你所擬的計畫還需要其他資源或環境配合之前，切勿匆忙付諸實施。

別把你的熱情用錯了方向，例如熱衷於賭輪盤或賭馬。你可以做一些消遣活動，像是釣魚或讀些益智書籍之類。

但是，如果你把所有的熱情都用來消遣時，你將不再有多餘的熱情來實現你的明確目標，而且你很快地就會連做一些消遣活動的資源都沒有了。

如何培養熱情

以下介紹一些培養熱情的方法：

1. 設定一個明確的目標。
2. 清楚地寫下你的目標、達到目標的計畫以及願意付出的代價。
3. 以強烈欲望做為達成目標的後盾，使欲望變得狂熱，讓它成為你腦子裡最重要的一件事。

4. 立即執行你的計畫。
5. 正確而且堅定地照著計畫去做。
6. 如果你遭遇到失敗，應再仔細地研究一下計畫，必要時應加以修改，別只是因為失敗就變更計畫。
7. 與能幫助你的人建立智囊團。
8. 使你失去愉悅心情和對你唱反調的人，你要避開。務必使自己保持樂觀。
9. 不要在一天終了才發現一無所獲。你應將熱情當作一種習慣來培養。而習慣是需要不斷強化的。
10. 無論多麼遙遠，你都要熱衷於既定目標必能達成的觀念。自我暗示是培養熱情的有力力量。
11. 隨時保持積極態度，在充滿恐懼、嫉妒、貪婪、懷疑、報復、仇恨、無耐性和拖延的世界裡不可能出現熱情。積極的意念和行動，才會產生熱情。

以上這些培養熱情的方法，難道不是你已經在做的嗎？當然是的。熱情是你為成功付出所有努力的自然結果。重要的是，為達到目標，在採取每一個特有成功步驟的同時，你也創造了熱情。了解熱情如何為你帶來幫助後，你將更有能力將熱情運用到其他想要運用的地方。

熱情的強化方式

如果你認為你的熱情應該發生作用，而它卻跟不上你在發揮其他定律方面的進度時，你可以利用一些簡單的練習來刺激你的熱情。

◆熱情的行動

這個建議好像是不必要的吧！不，它是有必要的。如果你以低度的熱情參加聚會，你是不可能有如下表現的：自信地和他人握手，以明確的言詞回答問題，堅定地主張你所倡導的觀念與建議的價值。理想狀態下，這些表現對有熱情的人來說，本是一種自發的反應。但是，即使是你有意識地表現，都將帶來正面的結果，而此結果又會再度燃起熱情的火花。

◆熱情日記

當你的熱情高漲時，可將它每天記在記事簿裡，記錄激發熱情的環境以及因為熱情而表現出來的行動。你會因為被激勵而展開行動嗎？你解決問題了嗎？你說服某人了嗎？同樣的，在記事簿中記入你的明確目標和達到目標的計畫。每當你的熱情高漲時就把它記下來。這不但會提醒你出現熱情的原因，同時也能使你回顧一下熱情所帶來的好處。熱情就像一個螺旋，它會向內轉或向外轉，也會上升或下降，使你的熱情循著正確的方向發展，當熱情的螺旋轉錯方向時，不妨回顧一下你的記事簿。

◆做一些「辦得到」的工作

在某種程度上「辦得到」的工作就像是協助你走路的助步杖一樣，但如果你不出門，助步杖對你是不會有什麼幫助的。「辦得到」的工作，是你知道你能做得既好又快的工作。你應該設法使它和你的明確目標發生關係，以使它能幫助你導引並且控制你的熱情。

例如你有一家五金行，雖然你的責任不是照顧銷售櫃台，而是在後面的辦公室中處理業務，但你卻很清楚你對於銷售工作是多麼的感興趣，這個時候你不妨站到銷售櫃台邊賣一些東西，以重新振奮一下你的熱情。

如果你必須經常求助熱情的強化方式時，就表示有地方出問題了，你可能已偏離正在追求的明確目標，你必須仔細地再回顧一下你的計畫，並好好地想一想如何導正自己的步調，以便能更清楚地反映出你所追求的方向。

熱情和智囊團

你的熱情能發揮功效的最重要場所之一就是智囊團。如果你能和其他成員分享你的熱情，你就能增加他們的熱情，而他們也會回饋並支持你的熱情。

有的時候，每位智囊團成員都會從這種互動過程中得到相同的好處，但智囊團領導人通常都能得到最多的利益。「報酬增加律」會因為你的進取心和熱情，而使你獲得遠超過你對其他成員的付出和貢獻。

智囊團中有了更多的熱情就表示團員也比以前有更多的信心。隨著信心的增加，對無窮智慧的洞察力也會隨之增加，並進而出現更多的創造力。

批評但不澆熄熱情

有的時候，你必須對智囊團成員或其他為你工作的人提出質疑。如果在過程上你能謹慎小心的話，便可批評但不至於澆熄他人的熱情。你必須引導「害群之馬」自己承認自己的錯誤。

以下是安德魯・卡內基告訴我的一些關於這種過程的範例：

我的私人秘書是一位跟隨我多年的年輕人，他做事有效率、可信賴，而且有令人感到愉快的個性。他曾經和一群朋友交往過，但這群朋友有酗酒的壞習慣。我發現他開始在星期一上班遲到，後來又覺得容易發怒。而我知道我該對他的行為做一些善意的分析了，因此我邀請他來我家晚餐。

在晚餐期間，我們談了許多令人開心的事情，但就是沒有提到我想和他說的話。晚餐後我們來到書房並抽著雪茄，我開始問他一些問題。

首先我問他，他是否認為應該考慮給一位經常酗酒的人升遷的機會？他回答說他認為不該給這種人升遷的機會。

接著我問他，如果在他的員工中有人因為酗酒，而無法工作時他會如何處理？

他回答說他可能會開除這個人。

這個時候，他已顯露出侷促不安的神情，而我也停了一會兒給他深入思考的機會。接著我問他，是否有可能給明理的人及時改變習慣，而避免毀掉他一生的機會？

他沈默了幾分鐘後，站起來看著我並對我說：

「你不必再拐彎抹角了，我早就知道會有今天這樣的結果。我很感謝你使這件事變得容易多了，我只能說我過去就像一個傻瓜一樣，但是我可以改，如果你給我時間，我將證明我會改。」

從此之後他就自我約束，他以和過去不一樣的熱情態度來處理他的工作，並且一路升遷到成為我們公司一間最大的鋼鐵廠經理。

你應已看出這種批評過程的價值和重要性，如果卡內基很生氣地斥責這位秘書的話，那他就可能因為感到窘迫而否認任何問題。如此一來，卡內基將會失去一位得力助手，而他也會因而更沉溺於不良習慣。但結果卻顯示出他們二人都能向前跨進一步。

尊重並鍛鍊人們的熱情，熱情可克服艱難的問題，而你可從此一過程中獲得的利益絕對超出你的想像之外。

熱情改變生命

一個把我推向成功之路的重要因素是我繼母的熱情。

在我九歲的時候我的父親便娶繼母進門，當時我們是居住在維吉尼亞州鄉下的貧苦人家，而她則來自較好的家庭。

我的父親一邊向她介紹我，一邊說：「我希望妳注意這個全州最壞的男孩，他可能會在明天早晨以前就拿石頭丟妳。」

繼母走到我面前，並托起我的頭看著我。接著她看著我的父親說：「你錯了，這不是全州最壞的男孩，而是最聰明，但還沒有找到地方運用熱情的男孩。」

就憑著她這一段話我們開始建立友誼，也就是這段友誼，使我創造了成功的十七條定律，並將這些定律的影響力發揚光大，在她來之前沒有人稱讚過我聰明。我的父親和鄰居們都認定我是壞男孩，而我也真的表現一些壞行為給他們看，但是我的繼母就只說了那一句話，便改變了一切。

她還改變了許多事情，她鼓勵父親去唸牙醫學校，而我父親也從那所學校光榮畢業。她把我們家遷到郡政府所在地，以便父親的牙科診所在那裡會有較好的生意，而我和兄弟也可接受較好的教育。我的父親最初反對這些建議，但最後還是屈服在她的熱情之下。

當我十四歲時，她買給我一部二手打字機，並且告訴我她相信我會成為一位作家。我了解她的熱情，而我也很欣賞她的那股熱情，我親眼看到她的那股熱情是如何改善我們的家庭生活。

我接受她的想法，並開始向當地的一家報社投稿。當我去訪問卡內基並且接受委託時，我仍然從事寫作的工作。我繼母的熱情，不但使我有能力抓住這個機會，同時也給了我完成卡內基所託付的任務的自信和熱情。

我不是唯一得到繼母恩惠的人，我的父親最後成為城裡最富裕的人，而我的兄弟分別成為物理學家、牙醫師、律師和大學校長。

熱情的力量真的很大！當這股力量被釋放出來支持明確目標，並不斷用信心補充它的能量時，它便會形成一股不可抗拒的力量，並足以克服一切貧窮和失意。

你可以將這股力量傳給任何需要它的人，這恐怕是你能夠運用熱情所做的最偉大的工作了。激發他人的想像力，激勵他們的創造力，幫助他們和無窮智慧發生連繫。

培養、展現和傳遞熱情，是成功背後精神定律的完美表現。當你以熱情完成你的工作時，就是在力行「加倍付出」的定律。你已在你的周圍創造出成功意識，而此一成功意識無可避免會對他人造成更好的影響。你在這個世界上付出的熱情愈多，就愈能得到你想要的東西。

第十一章

專心致志

在設定明確目標之後，你便已選好注意力應該集中的目標。暫且忘掉那句老諺語：「不要把所有雞蛋放在一個籃子裡。」你反而應該把所有雞蛋放在一個籃子裡，並集中注意力保護這個籃子，然後將它帶往市場。

控制注意力是協調所有心理機能，並導引它們的共同力量為一個既定目標努力的過程。它一方面是其他許多成功定律的自然產物，而另一方面也是重要的輔助工具。

專心致志

將注意力集中在單一目標上，專心致志，是無數人們和組織成功的保證。

英特爾（Intel）是一家電腦晶片製造商，因為它把全部資源都放在製造更好的晶片上，致使這家公司在不到十年的時間裡，達到比電腦處理機速度快四倍以上的能力。他們以一年快過一年的速度設計，並引進處理速度更快的晶片。之所以有這樣的成就，是因為英特爾專心致志於微處理機的產製工作，而不去擔心其他（例如軟體或數據機之類）的事情。

卡朗（Donna Karan）是一家服裝設計公司女仕專業服裝的首席設計師，她的公司是以女性主管人員為主要顧客。由於卡朗不把時間花在其他服裝（例如牛仔褲或泳裝）的設計上，致使她成為該類服裝的主要設計公司。

朗格的塗料製造公司——奇樂榮（Keeler & long）專注於工業用塗料的生產。你可能從來沒有聽過這家公司的名字，因為它生產的油漆，和你所使用的家用油漆無關。它生產的是可以抵抗核熔融，或可塗在變壓器上數年之後，仍不掉色的塗料，而且被公認為這一行最好的塗料製造廠商，連白宮也使用它生產的塗料。

布魯斯特（Marcel Proust）專心致力於單一的工作：寫一系列名為《追憶過去》的小說，就是這份專注，使他成為二十世紀主要小說家之一。

德蕾莎修女專注於減輕印度窮人的痛苦，就從這個使命開始，她已在全世界兩百多個地區付出努力，並獲得諾貝爾獎。雖然計畫範圍有所擴大，但是，她絕不會放棄她所專注的對象。

無論你的企業性質是什麼，你都必須專注於明確的目標。「專注」會將你的明確目標的影像，投射到你的意識上，並一直留在那裡，直到這個影像被潛意識和具體行動接收為止。

專心致志和成功定律

我所謂的「和諧吸引力定律」（Law of Harmonious Attraction）是指，具備能夠滿足彼此需要的力量和事物，都具有結合在一起的自然傾向。當你能掌握成功定律，並且能運用它們時，你就會發現你可從此一定律中得到好處。你會調適你的思想，變得只吸引那些你希望得到的東西。由於你同時也會從思想中排除所有消極情緒（例如恐懼、嫉妒、貪婪、怨恨、羨慕和懷疑），你將不再受到這些情緒的干擾。因此，你將更有能力控制注意力。

以下是各成功定律經過專心致志的強化後，使你可獲得好處的方法：

◆明確目標

確定你想要的東西，制定得到這樣東西的計畫，和採取執行計畫的行動，這三件事都要求你將大部分的意念和努力集中在單一目標上。你需要一個可讓你集中注意力的特定目標，一旦你選定了這個目標時，它就會離你愈來愈近，而你也會更清晰地看到它；同樣的，你的注意力就會愈集中。

◆智囊團

控制注意力的初步效果之一，就是智囊團的形成。因此，你必須謹慎地組織這個團體。相對地，由於智囊團的集體運作會增加你的信心、自立、想像力、創造力、進取心、熱情和贏的意志，所以，它也能強化你的注意力。如果你能得到他人的幫助和鼓勵，你就能一直向成功之路邁進；反之，你一個人單打獨鬥，則很可能會變得步調緩慢，感到沮喪最後退出。

◆運用信念

在你訂定明確目標，並且建立智囊團之後，接下來就要以百折不撓的付出精神，展現你對於達成目標的信心。控制注意力的努力，會給你的信心一定的空間，使信心得以生根茁壯。同樣的，把注意力集中在你認為會成功的事情上，比集中在不太可能的事情上要容易得多。因此我們可以說，你的信念是和控制注意力的成果結合在一起的，帶來巨大的力量。

◆積極態度

在你完成上述步驟之後，你的態度必然已經相當積極了，因為此時你已看到證明你將成功的證據。所以，一切可能使你自我設限的恐懼、懷疑和沮喪都消失無蹤。你的內心不再給失敗任何空間，由於你正忙於實現你的明確目標。所以，你將不再有猶豫不決或拖延的時間，同時也容不下其他欲望。

◆加倍付出

你必須不斷地實踐，才能真正應用這條定律。因為，你必須使它成為你做任何事情時，必然會採行的一種態度和部分。在你應用此一定律時，控制自己的注意力會使你更具有幹勁，並且會激發你的熱情和對智囊團的信心。相對的，此一過程會強化你的積極態度，並且會使你更容易控制自己的注意力。

◆加倍努力

你所制定邁向成功的計畫，將會因為你的努力而變得更有系統，經由智囊團的幫助更可檢驗計畫的正確性。就像「加倍付出」的定律一樣，控制注意力對於你的進取心也具有相當大的影響，而且任何由進取心所產生的積極事物，都會強化你的意志，並因而強化你的能力，控制注意力。

◆自律

自律支配並控制所有情緒（包括積極和消極情緒）並允許你採取措施，防止因為表現出消極態度，或忽視積極態度而造成精力消散的結果。你的情緒力量可被用來幫助你集中注意力。此時，你的思想會開始像是結構完美的機器一樣地發揮功能，不會出現任何不當的運轉，或是耗損能源的摩擦，你已學會了一種技巧，可將你的情緒轉變成強大的推動力，以利明確目標的達成。

你同時也開始控制意志力，你的意志力將會完全控制心思的六個部分，並為達成明確目標做出貢獻。此時，你在控制注意力方面也會邁向巔峰。

◆創新思維

前面的各條定律，對於你的想像力已產生很大的刺激作用。印有明確目標的潛意識，將會使你付諸行動。同時在清晰度和可用性方面，都會有讓你感到驚訝的念頭、計畫和直覺。

你將會發現達到目標的新機會，其他人也會自動和你合作。你所接觸過的東西都會變成幫助你成功的工具，甚至平均定律（laws of averages）和幸運都會幫助你達到成功。

但是千萬別誤以為光靠運氣就夠了，在運氣的背後，還有一個不可缺少的明確要素：注意力控制。

◆正確的思考

在你開始主動培養正確思考能力之前，你已停止猜測，並開始以已知的事實和正確的假設，做為你制定計畫的基礎。但是，當你的計畫產生效果時，正確的思考就成了不可缺少的要素，控制注意力可琢磨你的思考，正確的思考意謂著：你的注意力只集中在需要注意的事情上。

◆記取失敗教訓

當你遭遇到挫折時，請運用控制注意力的方法，在每一次不愉快的遭遇裡，尋找、檢驗和滋養等量利益的種子。挫折只是一種要求更大、更多堅定努力的訊息而已，它所扮演的是你意志之火的燃料。

你也將學習鑽進你的記憶，去研究你確定目標之前所遭遇的挫折。控制注意力會使你生命中的每一刻，都能為你所用。

◆熱情

熱情會使你不覺得工作的辛苦，甚至會使你把它當作一份發自內心的工作。工作熱情會自動將注意力引導到目標，並且會把縈繞在你心頭的意念，印在你的潛意識中。控制注意力的過程，會把熱情導向明確目標。距離明確目標愈近，你的熱情就愈大。

◆愉快的個性特質

培養愉快的個性特質，除了可降低許多來自他人的反對，並在智囊團之外還能得到許多其他人的合作。控制注意力有助於你改善個性中需要磨練的各項要素，並且會給予你改掉不良習慣的決心。相對的，你培養出來的愉快個性，也會因為你有了更大的影響力和更多的機會，而使得控制注意力有更多發揮的餘地。

能掌握本書所有十七條成功定律中，意謂你在控制注意力和掌握思想方面，已跨出了重要的一步。你將會更了解，並且更能影響你的最大敵人和最好朋友：你自己。

專心致志和自我暗示

在討論自律的章節中，我強調，周遭的環境會影響你對成功的努力。為你的利益塑造周遭環境最好的方法之一，就是「自我暗示」的過程。

自我暗示可在有意識和無意識的情況下發生，無論你的意念或言詞是積極或是消極，都會被儲存在記憶之中。

你努力集中注意力的對象，會變成環境中的主要影響因素。如果你一直想著貧窮或是貧窮的物質代表，這些影響因素就會經由自我暗示印到你的潛意識中。

如果你還是持續專注於貧窮，就會調適你的內心，並使它接受貧窮是不可避免的，最後你就會產生一種「貧窮意識」。這就是為什麼有那麼多人抱怨，他們生活在貧窮之中的原因。

如果你的中心思想是成功和安全，那麼自我暗示的原理，也會以同樣的方式發揮作用，結果就是使你產生「成功意識」。

如果你能以每天的思考習慣做為管道，將你的注意力集中在一個積極性的明確目標上，並強迫它成為你的中心思想，你就是在調適潛意識，以便為實現目標貢獻力量。

當你控制注意力使它集中在明確的目標上時，你就可以它做為媒介，積極地運用自我暗示的原理。除此之外，別無運用自我暗示的方法。

注意力被控制和未被控制之間，差異是很大的。你可以使內心充滿著你所渴望的意念；也可以不管它，並任憑它充塞著會造成你所不願的結果的意念。

思考是不會停止的——即使在睡覺時，它依然處於活動狀態。思考不斷地對進入內心的影響因素發生反應。控制注意力，目的在於讓達成明確目標有所助益的思考能一直處於忙碌狀態。如果你忽略控制注意力，內心就會充斥著消極影響因素。

專心致志的力量

化學家教導我們，個別元素可結合成一個或個別與組成元素完全不同的物質。水就是一個很好的例子：氫氣和氧氣都是氣體，但是當兩個氫原子和一個氧原子結合後，便形成對我們非常有用的液體水。氯和鈉都是很危險的元素，但當一個氯原子和一個鈉原子結合，便形成我們所需要的食鹽。

意念也具有相同的情形，不同性質的意念可相互結合在一起。而在這結合不同意念的過程中，必須要專心致志。當你的小孩面臨被車撞倒的危險時，你對他安全的顧慮和愛會結合在一起，產生將他推開的意念。顧慮和愛的意念是非常強烈的，但是，在嚴防傷害上，二者所結合的產物才是最強烈最有效的。

根據我的觀察，如果你能將下列成功定律互相結合，會產生不可思議的力量：

1. 明確的目標。
2. 經由情緒控制所顯現的自律。
3. 應用於達成目標的自我暗示。
4. 為明確目標而加倍付出的意志力。
5. 專心致志。
6. 努力進取。
7. 創新思維。
8. 信念。

下面是當這些定律結合後，發揮作用的例子。假設你必須在一定期限內得到一筆錢，以追求一特定目標，有兩種方法可以用來處理這個問題：你可以一直把這件事放在心上，但卻不採取任何籌款行動，或者你可以結合上述定律誠心誠意地採取行動。

如果你知道需要多少錢，並且一心想得到它，就表示你已訂定了一個明確目標。當你開始制訂得到那筆錢的計畫，並且排除所有其他意念時，就表示你正在經由努力進取，展現經過控制的注意力。

當你的內心已沒有半點恐懼和懷疑時，表示你的自律已經由意志力發揮作用，表現在你的信念中，並且經由自我暗示產生一定的效用。

此時你可以把十七條成功定律，都應用到此一過程中。但無論你結合了哪些定律，有兩條定律是必須每次都出現的，亦即專心致志和明確目標。愛迪生說得好：

「用幾句話就可以說明最重要的發明要素，這些要素的首要成份，就是清楚地知道自己要的是什麼（明確目標、創新思維）……。發明者必須以堅毅的精神，使他的思想集中在此一目標上，並運用自己對此一目標的所有知識，來追求這個目標（智囊團、專心致志）。無論遭受到多少次的失敗，都必須不斷地研究下去（意志力）。同時還不能因為其他人，可能也有類似的想法，但卻沒有成功的事實影響到他的研究（自律、運用信念）。他必須堅信必定有什麼方法可以解決他所面臨的問題（自我暗示）。

當一個人決定要解決問題時，可能會在起步時就碰到阻礙，但是只要堅持下去，就必然會發現問題的解決之道。大部分的人所遭遇的問題，是他們在開始之前就已退怯。在我的經驗裡，從來沒有過剛著手解決問題時，就找到答案的情形。但令我驚訝的是，每當我成功地發明想要發明的東西時，我發現這些工作都在能力所及的範圍之內。但只有堅毅的精神和贏的意志才能發掘這項秘密。」

這就是專心致志所產生的力量，這股力量琢磨許多其他成功定律，強化了它們的力量，並且也增強了自己的力量，你已準備好全神貫注於你手邊的工作了嗎？

第十二章

激發團隊合作

就像愛和友情一樣，合作也是一種必須付出才能得到的東西。在通往快樂之門的路上有許多旅人，你需要他們的合作，而他們也需要你的合作。

在我們之後將會有好幾世代的生命延續下去，他們未來的幸福端視我們能留下什麼而定。我們應扮演築橋的角色，不僅為我們這一代努力，同時也要為下一代努力。

大公無私的團隊合作精神，不但會為我們這一代帶來好處，同時也會為下一代帶來好處。在為我們的子孫建設一個更好時代的當兒，我們應該為追求生命中，由善意合作所帶來的更美好事物做好準備。

這種合作，曾經在美國發展成世界上最強大，而且在經濟上最具優勢地位的國家過程中，扮演過重要的角色。我們負有一個為共同目標奮鬥的義務，如果我們希望保持這種優勢的話，則無論遭受到什麼樣的不幸，我們都應以大公無私的團隊合作精神，承擔這項義務。

在我們產生團隊合作精神，並且認同團結和夥伴意識之前，我們無法真正地從合作原理中獲得利益。貪婪和自私在團隊合作精神中，沒有半點生存空間。

本章將說明合作的力量，並告訴你如何激發團隊合作的精神。

什麼是團隊合作？

在智囊團中，你將獨立的個人組織成小團體，你們都具備共同的強烈欲望，並且從日益增進的熱情、想像力和知識中獲得利益，你們也同意工作報酬的分配方式。團隊合作的情形和智囊團的合作形態很類似，但是由於團隊中的成員，未必都具有相同的強烈欲望，所以你必須更努力於使團隊成員不斷地為工作奉獻，同時也應該要求自己，為成員做出奉獻並發掘他們的欲望。

當代管理學大師彼得・杜拉克（Peter Drucker）說：所有的員工「都應把自己看成是管理人員」，以期能在整個經營環境中看待自己的工作。管理人員必須學習要求自己配合所做的工作，而非以員工做為自己升遷的犧牲品。

杜拉克想起麥克阿瑟將軍的例子：他每次召開幕僚會議時，都會先介紹階級最低的軍官。他不許其他事情妨礙這道程序，因為他知道建立軍官的信心，是很重要的一件事，他想要而且也需要這種信心。

「加倍付出」的習慣，會擴及你的合作者，即使你給他們的利益和薪水都很豐厚，他們還是把獲得這些利益和薪水當作是理所當然的事。你應先預期其他合作者的需要，甚至在他們發現自己的需要之前便先滿足他們。

有的時候，人們會因為必須在一起工作而產生合作關係，但這種合作既不可靠不會長久。例如，美國和蘇聯曾一起對抗過希特勒，但當希特勒戰敗時，這種合作關係也隨之消逝。

真正的團隊合作必須以別人「心甘情願與你合作」做為基礎，而你也應該表現你的合作動機，並對合作關係的任何變化抱著警覺的態度。團隊合作是一種永無止境的過程，雖然合作的成敗取決於各成員的態度，但是維繫合作關係卻是你責無旁貸的工作。

團隊合作改變了一家公司

在成立的最初幾年中，全國收銀機公司發現他們發生了財務困難問題，因為他們的業務代表心中一直存在著一種消極態度。於是公司的業務經理便召集業務代表，要他們說明問題。

這位業務經理了解業務代表是公司最重要的資產，而保護這些資產的最好方法，就是採取最徹底的團隊合作制度。

這位業務經理召集了業務代表並對他們說：「有一些我們的競爭對手，正在散布一些小道消息，說我們公司出現了無法克服的財務危機，還有一些謠言，說我們將削減銷售人力，並裁掉許多業務代表，這些都不是事實。

就在你們的銷售額慘跌之前，你們之中就已經有些人受到這些謠言的影響，我今天召集各位，是想給各位為自己辯護的機會，我希望各位都能誠實地說出自己的感想。你們哪位願意告訴我，為什麼你們的銷售成績會下降？你們認為，應該如何恢復在這些謠言出現之前的團隊精神？」

有位業務代表站起來說：「我的銷售成績下降，是因為我負責的那個區域正遭逢乾旱，因為大家的生意都受到影響，沒有人願意購買收銀機。更糟糕的是，我們的競爭對手採取削價競爭策略，並執行一些使我無法和他們競爭的計畫。」

「還有，」他繼續說道：「今年是總統大選年，而我區域內的每個人，都在擔心選舉結果，在大家知道明年華盛頓會變成什麼樣子之前，沒有人有興趣購買收銀機。」

第二位業務代表站了起來，他的理由甚至比第一位更消極，言詞中充滿了煩惱，並且確信公司快要完蛋了，他直言不諱地說他正在找其他工作。

在他結束發言之前，這位業務經理就已經跳了起來，並揮手要他別再說下去。接著他解釋道：「停止開會十五分鐘，讓我擦一擦鞋子，但請各位仍然坐在位子上。」

令人驚訝的是，他真的派人去叫替工廠員工擦鞋的男孩過來，也不管其他人都在看他，就自顧自地和這位男孩聊起天來。

他結束和男孩的談話之後，給了男孩一角硬幣，並宣布這位男孩要對大家演講。全場最感到訝異的，莫過於這位男孩了。「我不知道該怎麼講！」男孩說道。

「你知道的，」業務經理說：「而且你會說得比我剛才聽到的那兩場演講還要好，我會幫助你。」

「你幾歲？」業務經理問他。

「十一歲。」男孩回答。

「你在這工廠擦鞋有多久了？」

「六個月。」

「很好！你擦鞋能賺多少錢？」

「擦一次五分錢。」男孩回答：「但有的時候會得到一些小費，就像你給我的一樣。」

「在你之前是誰在這裡擦鞋？」

「是一位叫做泰迪的男孩。」

「他幾歲？」

「十七歲。」

「你知不知道他為什麼離開？」

「我聽說他覺得擦鞋無法維持生活。」

「你擦一次鞋賺五分錢，有辦法維持生活嗎？」

「可以的，先生，我每個星期五給我母親十元，存五元到銀行，且留下兩元做為零用錢。有的時候我賺得更多，我把這些多賺的錢，另外存起來準備買一輛腳踏車，但我的母親並不知道這件事。」

「謝謝你，」業務經理回答：「你做了一次很好的演講。」

接著這位業務經理轉向他的業務代表說道：「你們都聽到這位男孩說的話了，現在讓我告訴你們，他那些話的意思。」

「首先，請各位注意，這位男孩現在做的工作，過去是由一位比他大六歲的男孩所負責的。他們的工作內容相同，索取的費用相同，服務的對象也相同。

先前那位男孩離開了這份工作，是因為他無法靠所得維生。但這位男孩，不但為他自己和他的夢想賺到錢，同時還能支助他的家人。他和先前那位男孩做的是相同的工作，但他卻以一種不同的態度做這份工作。

他具有合作精神；當他工作時，臉上帶著微笑；他期待成功，而他也正在邁向成功。原先那位男孩比較冷漠，心情不穩定；而且，當他的顧客給他五分錢時，也不會說聲謝謝。因此，他的顧客不會給他小費，也不會常找他來擦鞋，他當然無法賴此維生，再者……。」

當他說到這裡時，有位業務代表站起來說道：「我了解了！我們之所以銷售的不好，是因為我們光只是接受別人的困難之處，而不是在銷售收銀機，我想這就是我所犯的錯誤。我一直以一種消極態度在銷售產品，而這就是為什麼銷售成績滑落的原因。我不知道其他人的感受如何，但是我要重回我的銷售區，並且像從來沒有在那裡銷售過一樣地重新開始。我可以向你保證，從今以後你會從我這裡得到訂單，而不是一些關於困難的抱怨。」

另一位業務代表跳起來並叫著說：「我也一樣。」接著大家異口同聲地認同那位業務代表的意見，並且承諾要以一顆自信的心重回他們的銷售區。

結果第二年，就成了該公司獲利最佳的年份之一，是什麼使該公司起死回生呢？部門領導人洞悉員工的需要。這個例子告訴我們，成功是我們為自己所創造的，這是任何人都無法竊取的寶貴財產。這位業務經理以鮮明的成功事例，重新點燃業務人員對銷售任務的奉獻熱情，並且證明只要願意為自己所追求的目標努力，就一定會成功。

雖然這位業務經理已察覺到，使業務代表感到煩惱的原因，但是他還是很聰明地給他們表達自己意見的機會。他知道和業務代表，必須建立起誠實坦白的工作關係，他並沒有懲罰那兩位有勇氣說出心裡話的業務代表。他提供給所有業務代表相同的東西：洞察自己能成就什麼的能力，他並且以公司會支持所有業務代表的保證，做為演講的開場白。

這位業務經理在和業務代表關係之中，加入了積極態度，並影響所有業務人員做出同樣的反應。

團隊合作只需要很少的時間和努力，但卻能得到巨大的成效。了解這一點之後，我們不由得感到奇怪，為什麼有那麼多人，因為不知道團隊合作的重要性，導致自己和別人的生活變得那麼悲慘。

團隊合作是一種經營模式

李特爾曾在讀者文摘上，寫過一篇關於味好美香料公司（Mc Cormick）管理制度的文章。雖然現在已有愈來愈多的公司採用類似的制度，但這種制度在當時算是一種革命性的制度，麥克密克稱這種制度為「多重管理計畫」（multiple management plan），而這正是「團隊合作」的另一個名詞。

當麥克密克從伯父手中接下這家公司時，便決定和那些有能力承擔責任的人，分擔公司的經營責任。他從總公司挑選了十七位年輕人，組成資淺董事會，責任在於研究和討論公司所做的任何事情，並且對他們所發現的事情，做成決議後呈給董事會。

就像李特爾所說的一樣：「一股能量和新觀念被釋放出來，這些只認為自己是受到上司讚賞的員工，現在嘗到了負責任的滋味，並且還吵著要負更多的責任。就在短短一年半的時間裡，這些年輕人的提議全部都被公司採納。」

同樣的政策被應用到生產線上，在工廠裡也成立了一個負有相同責任的工廠董事會。這三個董事會每週以一種和諧的精神，共同召開一次會議，每個人都在尋求改善公司經營和效率，以及使公司更加進步的方法。

味好美公司的人事政策是一種很進步的政策，員工的解僱必須經由四位主管同意，並且簽字後才能生效，而將被解僱的員工也有權提出申訴。正如李特爾所說的：「味好美公司給自己加上一個錯誤解僱員工的責任，除非這位員工真的有被解僱的必要。」

多重管理計畫之所以能夠在味好美公司發生作用的原因，是因為員工在這個制度中，注入了具有人情味的體諒和團隊合作精神。這是一種以管理做為開始，並且最後被員工接受的精神。很明顯的，體諒和團隊合作的精神為公司的管理，提供了穩健的經營之道。因為它認同適當地獎勵員工的功績（包括最基層的員工），並且從組織中排除所有「不願意」和「不適任」的因素。

人們會因為得到應得的個人認同，和一句讚揚的話而努力工作，這種方法的效力甚至比金錢更大，沒有人願意只被當做組織裡的小人物看待。身為領導人物，你應確定每位員工在你的組織裡，都有可扮演的角色，而且他們也都能認同自己角色的重要性。

味好美公司透過多重管理計畫，把工作熱情帶入公司裡，並且為員工提供了一個極其具體可行的進步方法，且以積極態度去實踐的欲望和動機，這就是團隊合作的成功之處。

沒有合作是不可能創造文明的，即使是像米開朗基羅一樣的偉大藝術家，也需要助手、工匠和客戶才能完成作品。

人類有一種使人與人之間變得相類似，在不同思想之間建立和諧關係，以及提供吸引力，以便和他人進行和諧團隊合作的狀態。就像其他許多無價的生命資產一樣，這種狀態通常必須藉著集中注意力於達到明確目標（以正確的動機和自律做為後盾）的方式才能得到。

這種狀態就是熱情——一種具有傳染力的特質。如果你能以熱情感染別人，團隊合作的結果就必然會出現。

第十三章

記取失敗教訓

在本書中，我一再強調，你應在失敗中找尋相等利益的種子。雖然在你面對挫折時很難做到這一點，但它卻是成功學中很重要的一部分。你現在就應該開始學習這項技巧，千萬不要等到在舔舐傷口時才開始學習。

失敗和痛苦是上帝和每一種生物溝通，並指出我們錯誤所使用的語言。動物在聽到上帝的這些話時，可能會變得膽怯，致使牠們逃避所有可能的威脅。但你在聽到上帝的這些話時，應該變得更為謙虛，以期學到智慧和體諒。你應了解你開始邁向成功的轉捩點，通常是由挫折或失敗所顯明的。

有了這項認知之後，你就不必再將挫折看成是失敗，而應把它看成是一個暫時性，而且可能會帶給你祝福的事件。

每個人都要面對挫折和失敗

任何成功的人在達到成功之前，沒有不遭遇過失敗的。愛迪生在歷經一萬多次的失敗後才發明了燈泡，而沙克也是在試用了無數介質之後，才培養出小兒痳痺疫苗。

費爾茲和一家獨立商店，成立了費爾茲太太糕餅連鎖店，並很迅速地推行到世界各地。由於業務擴張的太快，致使公司的財務受到拖累。費爾茲發現她自己欠了一大筆債，並覺悟到想要擁有並且經營所有連鎖店的欲望是太大了點，所以她改變策略，授權給加盟店負責經營，而不再親自參與。此一政策的改變，使她的公司再度獲利，並且出現成長。

你應把挫折當作是發現個人思想特質，以及思想和明確目標之間關係的測試機會。如果你真能了解這句話，它就能調整你對逆境的反應，並且能使你繼續為目標努力。挫折絕對不等於失敗——除非你自己這麼認為。愛默生說過：

「我們的力量來自軟弱，直到我們被戳、被刺，甚至被傷害到疼痛的程度時，才會喚醒包藏著神秘力量的憤怒。偉大的人物總是願意被當成小人物看待，當他坐在佔有優勢的椅子中時會昏昏睡去。當他被搖醒、被折磨、被擊敗時，便有機會可以學習一些東西。此時他必須運用自己的智慧，發揮他的剛毅精神，他會了解事實真象，從無知中學習經驗，治療好自負精神病。最後，他會調整自己並且學到真正的技巧。」

然而，挫折並不保證你會得到完全綻開的利益花朵，只提供利益的種子，你必須找出這顆種子。而明確的目標給了相等利益的種子養分並栽培它，否則不可能開花結果。上帝正冷眼旁觀那些企圖不勞而獲的人。

你應該感謝你所犯的錯誤，因為如果你沒有戰鬥的經驗，就不可能真正了解。

逆境變成一種祝福

米羅．瓊斯在威斯康辛州經營一座農場，當他因為中風而癱瘓時，就是靠著這座農場維持生活。

由於家人都確信他已經沒有希望了，所以他們就把搬到床上，任憑他一直躺在那裡。雖然瓊斯的身體不能動，但是他還是不時地在動腦筋。忽然間，有一個念頭閃過腦海，而這個念頭注定了要補償他不幸的缺憾。

他把家人全都召集過來，並要他們在農場裡種植穀物。這些穀物將用做豬的飼料，而豬將會被屠宰，並且用來製作香腸。數年間，瓊斯的香腸就被陳列在全國各商店出售。結果，瓊斯和所有家人都成了擁有巨額財富的富翁。

出現這樣美好結果的原因，就在於瓊斯的不幸，迫使他運用從來沒有真正運用過的一項資源：思想。他訂下了一個明確目標，並且制定了達到此一目標的計畫，他和家人一同組成智囊團，並且運用信念，共同實現了這個計畫；別忘了，這個計畫是在瓊斯中風之後才出現的。

當你遇到挫折時，切勿浪費時間去算遭受了多少損失；相反的，你應該算算看你從挫折當中，可以得到多少收穫和資產，你將會發現所得到的，會比失去的還要多。

你也許認為瓊斯在發現思想力量之前，就必然會被病魔打倒，有些人更會說他所得到的補償只是財富，而這和失去的行動能力並不等值。

但瓊斯從體認到他的思想力量，和家人的支持力量中，也得到了精神層面的補償。雖然他的成功，並不能恢復對身體的控制能力，但卻得以掌控自己的命運，而這就是個人成就的最高象徵。他可以躺在床上度過餘生，每天只為自己和家人難過，但是他沒有這樣做，反而帶給全家人想都沒有想過的安全感。

長期的疾病通常會使我們不再看，也不再聽。我們應該學習去了解發自內心深處的輕聲細語，並分析出導致我們遭到挫折，甚至失敗的原因。

愛默生對此事的看法是：

「發燒、肢體殘障、冷酷無情的失望、失去財富、失去朋友，都像是一種無法彌補的損失。但是平靜的歲月，卻展現出潛藏在所有事實之下的治療力量。朋友、配偶、兄弟、愛人的死亡，所帶來的似乎是痛苦，但這些痛苦將扮演著導引者的角色，因為它會操縱你生活方式的重大改變，終結幼稚和不成熟，打破一成不變的工作、家族或生活型態，並允許建立對人格成長有所助益的新事物。

它允許或強迫形成新的認識，並接受對未來幾年非常重要的新影響因素。在牆崩塌之前，原本應該在陽光下種花——那些缺乏伸展空間，而頭上又有太多陽光的花朵——的男男女女，卻種植了一片孟加拉榕樹林，它的樹蔭和果實，使四周的鄰人們因而受惠。」

時間對於保存這顆隱藏在挫折當中的相等利益種子，是非常冷酷無情的。找尋隱藏在挫折中那顆種子的最佳時機，就是現在。你也可以再檢查一下過去的挫折，並找尋其中的種子。有的時候，我們會因為挫折感太過強烈，而無法馬上著手去找這顆種子。但是，現在你已有了更高的智慧和更多的經驗，足以使你輕易地從任何挫折中，學習它所要教給你的東西。

個人失敗的主要原因

為了透視你所面臨的損失，我在下面列出了一些最常見，而且也是最具有破壞性的失敗原因。當你發現在你身上曾出現過任何一種原因時，切勿太過自責，你應該做的是下定決心處理這些失敗原因，而且應該馬上就做！

1. 糊裡糊塗沒有明確目標地過日子。
2. 愛管他人閒事。
3. 教育程度不足。

4. 缺乏自律，出現不控制飲食和對機會漠不關心的傾向。
5. 缺乏雄心壯志。
6. 因消極思想和不良飲食習慣所造成的疾病。
7. 兒時的不良影響。
8. 缺乏貫徹始終的堅毅精神。
9. 消極態度。
10. 情緒失控。
11. 有不勞而獲的念頭。
12. 當所有必要的條件都具備時，仍然無法迅速堅定地下決心。
13. 心中懷有七項基本恐懼中的任何一項或幾項：貧窮、批評、疾病、失去愛、年老、失去自由、死亡。
14. 選錯配偶。
15. 太過謹慎或不夠謹慎。
16. 誤選職業或事業。
17. 虛擲光陰和金錢。
18. 言語失控。
19. 偏執的性格。

20. 無法以和諧的精神與他人合作。
21. 不忠誠。
22. 缺乏洞察力和想像力。
23. 自私而且虛榮。
24. 報復之心。
25. 不願加倍付出。

以上只列出了失敗的部分原因。你必須了解的是失敗的原因並不止這些，而且導致一個人失敗的原因，通常不止一種。

我年輕的時候在芝加哥創辦一份教導人們成功的雜誌。當時我沒有足夠的資本創辦這份雜誌，所以就和印刷廠建立了合夥關係。後來事實證明這是一本成功的雜誌，雖然我必須花很多的時間在工作上，但是我很快樂。

然而，我卻沒有注意到我的成功，卻對其他出版商卻造成威脅，而且在不知情的情況下，一家出版商買走了合夥人的股份，接收了這份雜誌。當時我是以一種感到非常恥辱的態度，離開了那份以愛為出發點的工作。

以上所列的失敗原因中，有好幾項都是造成我失敗的原因。其中，最大的原因在於，我忽略了以和諧的精神和合夥人合作。我常因為一些出版方面的小事而和他爭吵，當機會出現在我面前時，我並沒有掌握住它（如果我們抓住機會的話就能獲利）。我的自我和自負，應該對這些負起責任，而我在業務上不夠謹慎以及說話語氣太激烈，也都是造成失敗的原因。

但是，我卻能夠從這次的挫敗中，找到相等利益的種子。我離開芝加哥前往紐約，在那裡我又創辦了一份雜誌。為了要達到完全控制業務的目的，我必須激勵其他只出資，但沒有實權的合夥人共同努力，我同樣必須謹慎地擬訂營業計畫，因為那時我只能依賴自己的資源。就在不到一年的時間裡，這份雜誌的發行量，比以往那份雜誌多了兩倍多，其中一項獲利來源，是我所想出來的一系列函授課程，而這一系列的函授課程，就成了成功定律的第一筆編纂資料。

當我被踢出芝加哥的事業時，曾經一度處在徬徨階段，我可以從此放棄創辦雜誌並接受妻子的主意，安穩地從事律師的工作。但是，我在失敗中找到了相等利益的種子，而且我培養這粒種子，以圓人生最大的夢想。

挫折的好處

- 挫折揭開並摧毀你的壞習慣，助你釋放能量以好習慣重新出發。
- 挫折驅除了虛榮與傲慢，並使你擁有謙恭之心，而謙恭可使你得到更和諧的人際關係。

- 挫折使你重新檢討身心方面的資產和能力。
- 挫折提供了一個挑戰，逼你加倍付出努力，以此來增強你的意志力。

練健身的人都知道，光只是將啞鈴舉起來是沒有用的。練習者必須在舉起啞鈴之後，以比舉起時慢二倍的速度，將啞鈴放回舉起前的位置，這種訓練稱為「阻抗訓練」，它所需要的力量和控制力，比舉起啞鈴時還要多。

挫折就是你的阻抗訓練。當你再度回到起點時，謹慎為之並將注意力集中在過程上。利用此一方法，可訓練自己再次出發時，能有長足的進步。

面對挫折的態度

我一再強調，你對於挫折所抱持態度的重要性。你能否掌握挫折，你的態度具有決定性的影響。你可以只把它看成是一種「失」，但你也可以把它看成是一次「得」的機會。在莎士比亞的《凱撒》（Julius Caesar）一劇中凶手布魯特斯（Brutus）的一段話正好表現出以消極態度面對挫折的情形：

在人類的世界裡有一股海潮，
當漲潮時便引領我們獲得幸福；
不幸的是，他們的一生都在陰影和痛苦中航行。
我們現在就正漂浮在這股海潮上；
當它對我們有利時，就應該充分把握機會，
否則的話，必將在危險的航行中失敗。

這是一位被判處死刑的人所說的話，他根本不了解引領人們獲得幸福的機會，或海潮絕不只有一個而已。積極態度和上面的情形完全不同，馬倫（Walter Malone）在他的一篇名為《機會》的詩中寫道：

當我一度敲門而發現妳不在家時，
他們都說我沒希望了，但是他們錯了；
因為我每天都站在妳家門口，
叫妳起床並且爭取我希望得到的。
我哭不是因為失去了寶貴的機會，
我流淚不是因為精華歲月已成雲煙；

每天晚上我都燒毀當天的記錄，
當太陽昇起時又再度充滿了精神。
像個小孩似地嘲笑已順利完成的光彩，
對消失的歡樂不聞不問；
我的思考力不再讓逝去的歲月重回眼前，
但卻盡情地迎向未來。

如果你發現在每一次挫折中都藏有相等利益的種子時，你就會接受馬倫對失敗的觀點。記住：「當太陽下山時，每個靈魂都會再度重生。」而再度重生就是你把挫折拋諸腦後的機會。

恐懼、自我設限以及接受失敗，最後只會像莎士比亞所說的，使你「困在沙洲和痛苦之中」。但是，你可藉著運用信念、積極態度和明確目標來克服這些消極態度。

如果你把挫折看成是——激發你以新的信心和堅毅精神重新出發的契機，那成功只不過是時間上的問題罷了，而能否做到這一點的關鍵，就是你的積極態度。

記住，積極態度會吸引成功。當你在和挫折戰鬥時，就是你最需要積極態度的時候。當你處於逆境時，你必須花數倍的心力，去建立和維持自己的積極態度。同時你應該以信心和明確目標，將積極態度化為具體行動。這是從逆境和挫敗中，所學得的基本課程。

第十四章

創新思維

創新思維（Creative Vision）要求你激發想像力，為明確目標做出貢獻，並且使想像出來的結果能發揮作用。

創新思維，是那些不怕別人批評的人發揮出來的力量，肩負著造就今日文明的使命。它帶給我們能使我們享受現在生活水準的進步思想、科學和機械。它激發人們開拓各個領域的新觀念，並對這些新觀念加以實驗，它總是展望更好的行為方式。

創新思維屬於那些具有要求自己「加倍付出」習慣的人。因為創新思維不受朝九晚五的工作時間限制，同時也和金錢報酬無關，它的目標在於：做不可能做到的事。

本章將介紹一些關於創新思維的實例，並告訴你如何去了解創造力的運行過程，以期能運用到你的生活之中。

綜合型想像力

就像推理一樣，想像力也可分為兩種形式：綜合型和創造型想像力。這兩種想像力都可透過你的創造力，改善你的生活和周遭環境。

綜合型想像力（synthetic imagination），是以一種新的方法結合一些已經被認同的觀念、概念、計畫或事實，將它們運用到新的用途上。

綜合型想像力的一個最佳的例子，就是愛迪生發明燈泡的過程。他以別人已經證實的事實做為開始：一條金屬線接觸電之後會發熱，最後還會發光，但問題卻在於強烈的熱度，很快就把金屬線給燒斷了。所以，光的壽命只有幾分鐘而已。

愛迪生在控制熱的過程中，曾經歷過一萬多次的嘗試，而他最後所發現的方法，也是以一項其他人都不曾察覺到的普遍事實做為根據。他發現炭是經過木頭燃燒、被土壤覆蓋，並在土壤中悶燒，直到木頭被燒焦後所得到的產物。由於土壤的覆蓋，致使流向火的氧氣量，只足供其悶燒而不會燃燒。

當愛迪生想到這個事實之後，便立刻聯想到對金屬絲加熱的念頭。他把金屬絲放在一個瓶子裡，並用幫浦抽出大部分的空氣。利用這種方法他發明了第一個壽命長達八個半小時的燈泡。

愛迪生的創新思維，所依賴的是好幾項重要的成功定律。他應用加倍付出的習慣，因為他的付出並沒有立即的回報。他訂定了明確目標，並且在無數次失敗（這麼多次的失敗可能早已使一般人打退堂鼓了）中，仍然對達到目標充滿了信心。

他的成功最後也用到智囊團的定律。他成立了一個由化學家和機械專家組成的工作小組，來尋找正確的金屬絲以及金屬絲的厚度，確定燈泡內正確的空氣量，以及最佳的燈泡結構，使他的這項發明能產生最大效用。

綜合型想像力，並不以個人優勢做為先決條件。愛迪生只受過三個月的正規教育，他曾經擔任過好幾年的報務員，而且幾乎做任何工作，都遭受到被開除的命運。他很早就開始喪失聽覺，後來甚至幾乎完全失聰。但是他以明確目標、加倍付出的習慣以及信心改變了他的一生。

史坦堡（Thomas Stemberg）是雜貨業的一位成功的管理人員，在經營以康乃狄克州為基地的連鎖事業時，他開了許多家提供大量貨品的大型超市，以提供顧客選擇性高，而且價格低廉的服務。

這些連鎖店經營得非常成功，使史坦堡在雜貨這一行建立起相當好的聲譽。但是，他並不因此而感到滿足，他想到雜貨店的經營概念，是否可應用到其他方面。

他想要以現代化的經銷方法，在較大的市場上開一家大型辦公室用品供應店，並提供給顧客一些有價值的商品。他和凱恩（一位創辦大型雜貨店的先驅）成立了智囊團，並在一九八六年時成立了美國第一家大型辦公室用品供應店：Staples。

史坦堡的構想立刻激發競爭者，並對這一行造成重大的變革。雖然市場上有強大的競爭，但是 Staples 的業績卻超過史坦堡想像的程度，前七年的營業額就超過了十億美元。

超級市場的構想，並不是史坦堡發明的，但是他卻能把超市的經營方式，應用到一個數十年來的普通市場。他制訂了達到此一目的的明確計畫；他和最了解此一構想的人——凱恩——組成智囊團；他以信心將此一計畫，化為具體行動；他以提供顧客在別處得不到的更多更好的服務，更向前邁進了一步。

綜合型想像力把人類的所有知識，都交由你運用。但就像其他各項成功定律一樣，它需要你付出心力，將你洞察的結果化為具體行動。

創造型想像力

創造型想像力是以潛意識做為它的基地。它是一種媒介，經由此一媒介你會認識一些新的構想和最近學到的事實。你將明確目標印在潛意識上的所有努力，都會刺激你的創造型想像力。

沃爾伍茲（F. W. Woolworth）是一家五金行的職員，他當時只想當一名稱職的員工而已，但是面對老闆對堆積如山賣不出去的過時貨品產生抱怨時，沃爾伍茲的心中遂產生一個新的念頭。

「我可以賣掉這些東西。」他說。在老闆同意之下，他在店內擺了一張檯子，把那些賣不出去的東西都拿出來，然後在每樣東西上都標明一角的售價，這些東西馬上銷售一空。他的老闆也盡可能地找一些能放在檯子上賣的東西，而這張檯子上的東西，也就成為這家店銷售最好的商品。

沃爾伍茲有信心將他的新點子，應用在店內的所有商品上，但是他的老闆卻沒有這個信心。沃爾伍茲於是離開另起爐灶，很快地就在全國建立起銷售連鎖店，最後為自己賺進了大筆財富。他的老闆曾經說過：「我拒絕他的建議時，所說的每一個字，使我失去賺到大約一百萬的機會。」

沃爾伍茲當時致力成為一位有價值員工的平凡目標，而他的想像力已隨時準備可行的點子，做為他的後盾。他當然為老闆加倍付出，但是由於老闆不具備和他一樣的洞察力，致使其他投資者和沃爾伍茲結成智囊團，並從他的點子中獲利。

超越想像

創新思維不僅只是對有形物質才有興趣，也是致力於更好未來的一種表現。綜合型想像力來自經驗和理性，而創造型想像力則是來自你對於明確目標的奉獻。創新思維對創造型想像力的依恃很深，但它卻超越創造型想像力。

想像力承認有限制、阻礙和反對的存在，然而創新思維卻能凌駕在這些負面因素之上，就好像它們不存在一樣，這是因為創新思維是以無窮智慧為基礎。

關於創新思維的一個最佳的例子就是蓋茲博士（Dr. Elmer Gates）的故事，蓋茲博士是和愛迪生同時代的發明家，但兩人所運用的方法和背景卻有很大的不同。蓋茲是一位受過高等教育的科學家，而且他的專利數量，比愛迪生還要多一倍。

蓋茲以一種非常簡單的過程來運用他的創新思維。他會先進入一間隔音室，坐在一張放著紙和筆的桌子旁邊並且把燈關掉，接著他便將注意力集中在一個特定問題上，並等著他的腦海浮現解決這個問題的方法。

有時他會很快就想到解決問題的方法，但有時必須等待一小時之久才會想到答案，偶爾他會什麼點子也想不出來，有幾次他甚至想到一些從來沒有想過的問題的解決方法。

蓋茲的創新思維已經超越了他的想像力，因為他已將他的創新思維，發展為隨時可以把它叫出來使用的能力。創新思維所創造的是解決問題的方法，不是解決不了問題的藉口。

創新思維為今日世界所需

今日世界對創新思維的要求是無盡的：

- 我們需要不會污染環境，也不會使資源枯竭的能源。
- 我們需要能吸引年輕人注意力，並能教導人們使自己進步的學校。
- 我們需要對抗對人類具有威脅性之疾病治療的方法和疫苗。
- 我們需要能教導中小企業如何運用快速變化的技術，以及從中獲利的人才。

・我們需要能夠控制醫療成本的計畫，並在每位勞工都能負擔得起醫療費用的同時，又不會折損制定計畫之專業人員的動機。

在這些需求之中隱藏著挑戰和機會。我提出這些需求的目的，在於促使你開始從創新思維角度思考能夠實現的可能範圍。

在美國始終有一個舞台，供給所有願意以正確態度提供任何一種有用的服務的人。如果你有創新思維，你就會知道這個舞台在哪裡，並獲得利益，你絕不會抱怨沒有機會。

在這國家裡，每一個時代的偉大人物，他們的事業生涯都是從基層的工作開始的。例如，安德魯・卡內基曾是紡織廠的線軸工；克萊門・史東曾是報童；哈里・楚門（Harry Truman）曾是男子服飾雜貨商；而露斯・金斯伯格（Ruth Bader Ginsburg）剛從法學院畢業時，只是一名法律秘書，因為法官不願僱用女職員，哪知她日後位居最高法院。

在你運用創新思維之前應該先問自己一些重要的問題：你想達到什麼樣的目標？你願意加倍付出嗎？你是個整天看著時鐘希望一天趕快過去的人嗎？你在尋找使自己成為別人不可或缺的人物嗎？

有些問題你須問自己，如果你有創新思維，就能回答。你知道目標在哪裡，你知道想要的是什麼，你也知道生命絕不允許你不勞而獲。

如果你有創新思維，就知道唯有藉著幫助他人成功，才能使自己成功。你也知道在成功的過程中，沒有人注定要失敗的。

創新思維會使你產生迅速下決定的能力，它也會使你立即改正錯誤的決定。它會使你不再對別人產生恐懼，因為它會使你感到平靜，並且會使你了解你是光明磊落而且誠懇的人。

人類的一個共同傾向就是會嫉妒他人的成就，只看到別人的成功卻不了解他們為成功所付出的代價。我們經常會懷疑別人的成功都是靠關係、運氣或不誠實的行為得到的。

但是，創新思維會使你清楚地了解為了成功所付出的代價。因為你已親身嚐過它的滋味了，你將了解和他人分享你的福氣、經驗以及機會的好處。你會了解成功事實上受到能否和他人分享的影響。

在你覺得需要創新思維時，你可以藉著和你的良知建立起更好的關係，用更強的獨立精神自我鼓勵，為你自己訂定明確目標，並且使你的思想一直環繞著這個目標，並且容不下半點恐懼和懷疑的方法來培養創新思維。

如果你不利用進取心做一番努力，你的一生中是不會獲得任何東西的。而創新思維就是使你得以發揮個人進取心的動力。

第十五章

精打細算時間和金錢

告訴我你運用時間和金錢的方法，我便能告訴你，十年後的你會變成什麼樣子。

時間和金錢是兩項寶貴的資源，在追求成功的人當中，很少有人會說自己太多的時間和金錢。

了解自己運用時間和金錢的情形，將有助於你評估追求成功的進展程度，以及分析阻止進步的因素。

本章一開始將檢討邁向成功目標的進度，並特別強調時間所扮演的角色。一旦你能改善對時間的運用時，就能把精力放在管理金錢方面。在邁向成功之路的過程中，任何檢討反省都是值得的。

個人盤點

對自己提出下列問題並誠實作答，切勿故意說假話來滿足自己的虛榮心，因為這些問題的目的，在於使你發現哪些地方應進行改善，而不是要給你什麼獎賞。

1. 你訂定了明確目標了嗎？制定執行計畫了嗎？每天花多少時間在執行計畫上？是主動執行或是想到了才執行？

2. 你的明確目標是一種魂牽夢繫的熾烈意念嗎？你多久煽動一次這種熱情呢？

3. 為了達到明確目標，你做了什麼？正在付出嗎？何時開始付出？
4. 你採取什麼步驟來組織智囊團？你多久和成員接觸一次？你每月、每週和每天與多少智囊成員談話？
5. 你有接受一些小挫折做為促使自己做更大努力之挑戰的習慣嗎？你從逆境中找出相等利益種子的速度有多快？
6. 你多半把時間花在執行計畫上，或是老想著你所碰到的阻礙？
7. 你經常為了將更多的時間用來執行計畫而犧牲娛樂嗎？或者經常為了娛樂而犧牲工作？
8. 你能把握每一分鐘嗎？
9. 你把你的生活看成是你過去運用時間的方式的結果嗎？你滿意目前的生活嗎？你希望以其他方式支配時間嗎？你把逝去的每一秒鐘都看成是使生活更加進步的機會嗎？
10. 你一直都保有積極態度嗎？大部分時候都能保持積極態度或有的時候積極？你現在的態度積極嗎？你能使自己的態度立刻積極起來嗎？積極之後呢？
11. 當你以行動具體表現出積極態度時，經常會展現你的進取心嗎？
12. 你相信你會因為幸運或意外收穫而成功嗎？什麼時候會出現幸運或意外收穫？你相信你的成功是努力付出所換得的結果嗎？你何時付出努力？
13. 你曾經受到他人進取心的激勵嗎？你經常受到他人的影響嗎？你經常真正地以他

人做為榜樣嗎？

14. 你何時表現出加倍付出的行動？每天都為更加付出或只有在他人注意時才會表現多付出？你在表現加倍付出的行動時態度正確嗎？

15. 你的個性迷人嗎？你會每天早晨照鏡子，並且改善你的微笑和臉部表情嗎？或者你只是單純的洗臉刷牙而已？

16. 你如何應用你的信心？你何時奉行得自無窮智慧的激勵力量？你經常忽視這些力量嗎？

17. 你培養自己的自律能力嗎？你的失控情緒經常使你去做一些會令你很快就感到遺憾的事情嗎？

18. 你能控制恐懼感嗎？你經常表現出恐懼嗎？你何時以你的企圖心取代恐懼？

19. 你經常以他人的意見當作事實嗎？每當你聽到他人的意見時你會抱著懷疑的態度嗎？你經常以正確思考來解決你所面對的問題嗎？

20. 你經常以表現合作的方式來爭取他人的合作嗎？你在家裡做？在辦公室？在你的智囊團？

21. 你給自己發揮想像力的機會嗎？你何時運用創新思維來解決問題？你有什麼進退兩難的問題須靠創新思維來解決呢？

22. 你會放鬆自己、運動並且注意健康嗎？你計畫明年才開始嗎？為何不現在開始？

這份檢討問題單的目的，在於促使你對自己做一番思考。你對於時間的運用方式充分反映出你將成功定律，化為生活一部分的程度。如果你對上述問題的回答不能令你滿意時，請不要氣餒。有上千萬人買過我的書，而且我也對幾千萬人舉行過演講，雖然這些人當中有許多人都獲得成功，但是沒有人是一夜之間就成功的，想要獲得成功是需要花時間的。

縱使成功的利益，很快就能核算出來，不過，真正成功的人士，絕大多數都是盡其一生的努力，才得以實現夢想。

實踐家和遊蕩者

你對於生活的態度決定了你對時間的態度，從這個角度來看我們可以把人分成二種：

◆實踐家

- 訂有明確目標。
- 管理環境和資源。

- 在接受或拒絕每項構想之前都先進行研究。
- 冒險和承擔責任。
- 從錯誤之中學習。
- 加倍付出。
- 控制本身的習慣。
- 擁有積極態度。
- 把信心應用到成功上。
- 組織智囊團以擴大知識和經驗。
- 了解自己的弱點並改正。

◆遊蕩者

- 生命中無目標。
- 受環境控制並且缺乏資源。
- 讓構想一個一個從身邊溜走，只憑一時心血來潮或電視人物的意見行事。
- 不知把握機會並且嫉妒別人的成就。
- 一再犯同樣的錯誤。

- 只做一些可以勉強應付的工作。
- 受制於習慣。
- 消極態度。
- 不採取任何可以改善情況的行動。
- 只從電視上得知他們想知道的事情。
- 不了解自己的弱點。

實踐家如何運用時間

以下我將告訴你實踐家如何聰明地運用時間的方式，使他們的生命變得和一般人不同。

◆職業

實踐家視工作為所有機會的來源，是獲得獨立和安全的一條路，以及改善周遭環境的方法。實踐家選擇適合自己教育程度和氣質的工作；他們喜歡以愛為出發點的勞動。實踐家並不以工作時數的多寡，做為判斷工作好壞的標準；他們的著眼點在於是否有以加倍付出的態度，提供有用服務的機會，時間對他們來說只是一種工具而非目的。他們以自己的成就為傲，而不要求準時下班。他們不會抱怨工作太多，只會因為時間太少，不足以使自己完成想要做的事情，而感到不滿。

結果，實踐家就有兩種所得：不只是賺到薪水，還擁有更好的工作與更高收入的權利。

◆心理習慣（mental habits）

實踐家經由自律控制自己的心理。他們制定計畫並照著計畫去做。他們將思想導向明確目標並使整個心思集中在這個目標上。他們不會浪費時間去思考他們不想要的東西。

實踐家經常為自己的積極態度再充電。他們的產能給了邁向目標進度的具體訊息，他們把這些訊息當作是更向前邁進的一項指標。

◆人際關係

實踐家以表現願意和他人合作的態度，來爭取他人的合作。實踐家不會把時間浪費在爭執、吹毛求疵或閒聊上，他們也不和有這種傾向的人來往。

實踐家不和遊蕩者來往，他們不願受到失敗主義的感染。他們不是自私，而是獨特。

實踐家無須刻意去聯合自願與其工作的人，他只是對每個人都提供額外的服務，而接受服務的人，就會以熱情和支持來回報。

他們對於遊蕩者富有同情心，並且願意對需要幫忙的人伸出援手，但是他們不會幫助那些連自己都不願意幫助的人。

實踐家會授權他人工作，知道如果有人做得比自己好，自己就不應該插手。他們了解，應該服務和自己一起工作的人，並且提供這些人必要的援助。

◆健康

實踐家注重自己的生理和心理健康，懂得放鬆自己、運動、飲食正確，並且在需要看醫生時就去醫院。

實踐家知道用於預防的時間遠多於治療的時間，他們絕不會忽視健康的身心所帶來的好處。

◆信仰

實踐家的內心充滿了信心，對於生命的奉獻熱情，使他們免於恐懼和煩惱。他們的良知不會因為花太多時間從事具有建設性的活動而責備別人。

此外，實踐家是具有堅定信仰的一群人。無論他們的信仰是什麼，全都依靠自己並且在遇到問題時都求諸所奉行的信仰，並以它做為決定的基礎。他們不會因疑惑而裹足不前，而會立即行動。

◆餘暇

實踐家把餘暇運用在一些實際的活動上，諸如和配偶浪漫一下，陪同子女一同歡笑、放鬆自己、和朋友一起運動、自我教育等等。

實踐家不是工作狂，他們知道除了事業之外，還有其他重要的事情要做。他們也了解如果不做好這些事，則成功將毫無意義。

但是實踐家不會做任何沒有收穫的休閒活動，他們不會在電視機前坐整個晚上、浪費生命。

實踐家比遊蕩者更會享受生活，因為他們所做的任何一件事，都有助於目標的達成。他們也看電影，閱讀書籍，看籃球比賽，甚至走向大自然看看藍天白雲。他們知道為什麼要做這些事。這些都是實踐家和遊蕩者的不同之處，同時也是成功和失敗的不同之處。

一些你應該認識的實踐家

波特（William Sydney Porter）坐在牢房裡，想著使他入獄的那樁愚蠢的侵占罪，他想他現在唯一得到的就是很多的空閒時間。由於他已經坐了好幾年牢，所以，他想好像沒有什麼可以做的事了。

但實際上還是有可以做的事，而他也真的做了。他開始以歐亨利（O. Henry）的筆名寫一些短篇故事並向雜誌社投稿，當他出獄時他已經是當時美國最受歡迎的短篇小說家了。他離開監獄走向成功人生。

愛維斯（Warren Avis）是一位實踐家。當他還是空軍軍官時，經常來往於全國各地，他發現如果能夠直接在機場就租到車子，該是多麼方便的一件事啊！雖然當時只有一萬美元儲蓄，還不足以讓他成立租車公司，但他努力以進取心擬定了一份營業企劃，並向銀行申請貸款。

就在八年之內，他已在全美所以機場設置了租車中心，然後以大約八百萬美金賣掉公司。由於他願意為達到明確目標付出代價，投資成果豐碩，為他帶來百分之八百的回收率。

上述兩個人的成功，分別以坐牢期間和服役期間做為開始，但他們都了解為了使自己的一生能成就一些事情，必須控制自己的時間，使自己成為實踐家。

一天時間的分配

我們每個人每天都有二十四小時可以支配，粗略的分配方式為：

1. 八小時睡眠
2. 八小時工作
3. 八小時餘暇

你不應把過多的時間花在睡眠上，因為這樣將有損你的健康。你可能會偶爾從睡眠時間中挪一、二個小時做別的事情，但這也是一種不好的習慣，千萬別培養不良習慣。

當你花另外八小時在工作上時，應該將你全部的心力集中在明確目標上，並展現加倍付出的習慣。在此我將介紹一些更有效支配時間以達到目標的方法。

最後八小時雖然是你的餘暇時間，但是你仍然必須小心運用支配。我們常會把這段時間花在處理家中瑣事，或其他沒有收穫的事情上，我將告訴你一些處理餘暇的方法。

工作上的時間管理

以下我將引述萊肯（Alan Lakein）和溫斯頓（Stephanie Winston）兩位時間管理作家的著作中關於支配工作時間的建議：

◆分辨工作的優先順序

列出你今天、這一週和這個月要處理的工作。在一張紙上畫出四欄，並在左上角貼上「重要而且緊急」的標籤，你應在這一欄內填入必須立即處理的工作，並依次寫下每項工作的處理日期和時間。

在右上角貼上「重要但不緊急」的標籤，並填入必須做，但不必立即處理的工作。如果你認為這一欄的工作最重要時，則可以不必填寫左上角的欄位。同樣依次寫下每項工作的處理日期和時間，你應每天審查一下這一欄的工作，以確保不會有工作變成「重要而且緊急」的項目。

在左下角貼上「不重要但卻緊急」的標籤。在這一欄中所填寫的，都是一些必須立即去處理的瑣事，諸如某人需要你的建議，有人要你馬上去買一些小東西等等。當然你也可能把這些事情記在「重要而且緊急」一欄中，但本欄的目的在於使你了解「緊急」並不等於「重要」。

最後，在右下角貼上「不重要也不緊急」的標籤。你當然可以讓這欄一直空著，因為反正寫在這一欄的工作，都是你可不必在意的項目，但本欄的目的在於告訴你事實上有許多事情是屬於「不重要也不緊急的項目」。

◆管理文件

在你的辦公桌上通常會放著兩種文件：一種是有用的，一種是沒有用的。你應趕快把沒有用的文件都丟掉，並且絕對不要在桌上再看到任何沒有用的文件。

你用來處理那些有用資料的時間，要盡可能地少，如果可能的話應該立即處理。閱讀最新資料、簽署授權書、寫回函等等。至於像是雜誌類的閱讀資料，應留待特定的時間再來閱讀。

如果你無法一次處理完文件時，應在文件的上方角落點一個點，當再度處理該文件時，再點一個點，如此一來，你就可以清楚地了解你分成幾次來處理相同的文件並可趁此機會做一番改進。

安排你的餘暇

例如工作常會佔滿所有的時間（包括你的餘暇），除非你能下決心要挪出一些時間來做你認為重要的其他事情。

依照下列方法分配時間，可確保你能做所有應該做的事情：

1. 每天花一小時安靜地思考下列事項：

⑴你為明確目標所制定的計畫。

⑵和無窮智慧進行溝通，並表現你對目前幸福的感激之情。

⑶分析自己。確定你必須控制的恐懼心情，並且訂定克服這些恐懼的計畫。

⑷加強和諧人際關係的方法。

⑸你希望得到的東西。

2. 每天花兩小時的時間，為你的社區、配偶或家人提供加倍付出的服務，並且不要求回報。

3. 每天花一小時自修。

4. 每天花一小時和你的智囊團成員或你的親密朋友接觸。

5. 其餘三小時可用來自我鬆弛、休閒、運動和盡其他應盡的義務。

當你熟悉這些活動之後，便可把它們和其他事情結合在一起。你可以在通車上班時思考或閱讀。

如果你必須開車上班，可以在車裡聽一些自修錄音帶，和你的智囊團成員共乘一輛車，並且利用在路上的時間，進行討論和解決問題。如果你的休閒活動是一項值得推廣的活動時，不妨教導社區內的年輕人。

你也可以從事任何其他適合的活動。

每週以六天的時間照著上面的計畫進行，在第七天時什麼也不做，只是放鬆自己的身心，或從事一些宗教和其他可使你冷靜達觀的活動。你可利用這一天多陪陪家人，你會為你所做的事而感到快樂。

管理金錢

已經有許多人寫過關於如何管理金錢的書了，把它買來好好唸幾遍。我不在這裡訴說太多的細節，但還是要提醒你管理金錢的重要性。

就像時間一樣，金錢也必須為一明確目標才可支出，你必須對所有開銷都列出預算，並且運用你的自律功夫來確實遵守這個預算。

在制定任何預算時，你應先從所得當中取出一定的百分比做為儲蓄。你應遵守「先還清自己的債」的原則，不斷成長的儲蓄，是你驅除對貧窮恐懼的重要武器。如果你遭逢逆境或生病時，足夠的儲蓄可立即開始尋找相等利益的種子。你不必擔心缺錢，而且也會因為沒有這層擔心而復原得更快。

倘若你有家庭經濟責任在身，就要先確定是否有足夠的人壽保險，一份適當保費的花費是非常值得的，因它可以減輕家人極度的痛苦。你若突然離世，已使你所照顧的人悲痛難鳴，千萬不要再給他們留下經濟的恐慌與負擔。

你不妨為慈善事業捐一部分錢，這是你加倍付出的一個重要部分。當然，我們希望你不會有需要慈善機構援助的一天。但是如果你未曾幫助過別人，又怎麼有權利要求別人來救助你呢？

當你積欠債務時，必須很實際地還清債務。當你的支出達到一萬元時，千萬別告訴你自己，你每週只需要一千元開銷，因為一旦你花兩千元時，就表示你的花費已經超出預算，而且這種出超的情形將會一直持續下去。另外，切勿為了還債，而削減你的儲蓄金額，儲蓄是一種好習慣，切勿放棄任何良好習慣。

一旦你還清債務時，就可將你的所得，在儲蓄、日常開銷和娛樂費用之間進行分配。當你的收入增加時，應養成增加儲蓄的習慣，但應留一點錢給自己，去做一些自己想做的事情。

你可能會發現客觀環境常常使預算不夠用，但千萬別讓這些額外開支使你不知所措。在製作預算和遵守預算的同時，你已強化了自律習慣。同時你也學會運用金錢為你所追求的目標服務，你以前已經有過這種經驗，今後也能再做到。

習慣在你執行時間和金錢預算的過程中，扮演著重要的角色。在成功學中，習慣同樣也具有相當大的重要性。事實上，它是能否達到明確目標的關鍵性要素，第十七章將告訴你如何在宇宙定律的基礎上，選擇並控制你的習慣。

第十六章

保持身心健康

如果你能了解以下兩個重要事項，你就能使身體充滿活力並且發揮最大的機能：

1.你的身體和心理是合一的，實際上是一個「身心」（mind-body）。

2.你的「身心」和自然是合一的。

你身體和心理的健康是不可分的，任何影響到你健全心理的因素，同樣也會影響你的身體；反之，任何影響到你身體的因素，也會影響你的心理，這就是為什麼我要把它們稱為「身心」的道理。

但是，你會受到自然定律的規範，它對於你身心的規範和對於樹木、山脈、鳥和動物的規範並沒有什麼不同。

因此，想要了解保持身心健康的方法必須先了解自然運作的方法，你必須和自然力和諧相處而非和它對抗。

生命的節奏

當你看到海洋的波濤、季節的變換和月亮的圓缺時，便看到了自然的節奏。人的生命也同樣有一定的節奏：從出生、經過兒童期、青少年期到完全成熟、年老，最後又有新的一代誕生。光、能源和任何事情都有一定的波動起伏，這種起伏或者使它們偏離節奏，或者像中子一樣永遠圍繞著原子核運動。

生命中的任何事物絕對不會靜止，運動是持續不斷而且有一定的節奏，這就是為什麼我們喜歡音樂的原因之一，因為音樂反映出我們的經驗節奏。你必須學習隨著生命的節奏搖擺，而不是站在原地以不動的姿態和它對抗。沙岸隨著波濤運動和變化並且能夠永遠不滅，但防波堤很快就會被沖垮。

注意觀察你的生命，它有一定的節奏嗎？你在工作之後會娛樂嗎？在勞心之後會從事勞力活動嗎？飲食之後會禁食嗎？嚴肅之後會表現幽默嗎？性交之後會把性交轉變成具有創造性的努力嗎？

當你的意識處於休息狀態時，就是你的潛意識發揮最大作用的時候。當你的潛意識承擔任務，而且你的意識被其他事物（亦即放輕鬆）佔據的時候，就是出現真正鼓舞作用的時候。

當阿幾米德在努力尋求解決二個物體相對重量的複雜問題時，始終得不到解答。但當他決定放鬆自己並泡一下澡時，他的潛意識便被浴盆中的熱水激發出來。他立刻從浴盆中跳出來，並且大聲叫著現在一個很有名的歡呼字：「Eureka（我找到了）！」同時也找到了問題的答案，你曾經給你的思想休息的機會嗎？

干擾正常的節奏模式會造成許多問題，如果你在工作之後不給你思想休息的機會，你的身體就會一直處於一種被刺激的狀態，這種情況可能會使你因為緊張而失調。

你不必希望永遠快樂，因為果真如此的話，那種快樂一定會變得枯燥乏味。婚姻顧問的一項重要目的就是要使夫妻了解兩人之間的愛不可能沒有高低潮，你必須學習了解你生命中的波濤和節奏，並順著生命的節奏表現你的愛，以期能和大自然和諧共處。

思想的影響力

就像你必須了解整體的自然界，並隨著它的節奏運動一樣，你也必須了解你的身體就像你必須了解整體的自然界，並隨著它的節奏運動一樣，你也必須了解你的身體和思想是一個整體而且彼此相互影響。

人類是唯一會思考的動物，而這種思考力量使你能夠改變周遭的環境。要學習自然定律。凡是人心裡所能想像，並且相信的，終必能夠實現。

這是所有成功地改變人類文明發展方向者的故事，人類歷經了幾十億年才進化到現在這個樣子。但是萊特兄弟在短短二十年內，就使人類能夠飛上天空，這就是思想的力量。這股力量藉著經驗展現在我們面前，並且藉著無數通曉無窮智慧之先知的言詞而得以強化。

耶穌曾說過：「即使到了世界末日也沒有什麼事情是不可能的。」

思想比身心具有更高層次的功能，你的身體是承載思想並且執行思想指令的功能機器。想要有機能健全的身體，就必須具備機能健全的思想。

有些人的身體機能受到限制，他們或者不能動，或者不能聽、說、看，但是思想的力量卻能使他們過著充滿創造力的生活。海倫・凱勒就是個最好的例子，另外還有幾乎完全失聰的貝多芬和愛迪生。雖然羅斯福幾乎無法自行站立，但他卻能鼓勵並且領導美國渡過最艱苦的戰爭和經濟蕭條時期。

文明故事所強調的是那些雖然身體機能受到限制，但由於他們擁有健全的思想機能，而能創造個人成就的偉大精神。在明確目標、信心、熱情和積極態度的羽翼下他們不斷上升再上升，終於能從對身體機能限制的絕望中上升到高度的卓越成就。這就是思想的影響力。

成功和快樂的要素

成功定律具有許多項要素，同時也是培養健全的心理機能不可缺少的要素。訂定明確目標和擁有實現目標的計畫，可使你在邁向成功之路上堅定不移。想像你是整體有效計畫的一部分，對於處理事情的方法，你感到滿意和輕鬆舒適。由於計畫內容完善，所以你的內心一直充滿著和諧。只有不完善的計畫才會引起焦慮。

受制約的注意力、自律、正確的思考、進取心、從挫敗中學習以及加倍付出的習慣，都是可用來安排和執行計畫的精神層面工具。它們會使你對於計畫中每一步驟的進度和整體的成長都感到滿意。滿足感是健全心理的重要養分。

培養健全心理最重要的一項特質，可能就是積極態度和伴隨積極態度一起出現的特質了。對人類心理最具殺傷力的二個消極因素，就是恐懼和焦慮。它們會扼殺熱情、摧毀信念、蒙蔽洞察力、折損創造力和破壞內心的和諧與平靜，也就是消滅所有培養積極態度和健全心理所必要的特質。

恐懼的負面力量

恐懼和焦慮會使你的內心產生不和諧，容易有發怒的浮躁現象，並會造成嚴重的心理失調以及生理疾病，甚至可能造成死亡。人體的許多小症狀都是由於心理疾病所造成，或者因為心理疾病而更加惡化。

你必須驅除恐懼並以信心取而代之。為了達到此一目的，讓我們先了解一下恐懼如何影響人體的機能。

短暫的恐懼，不但是一種正常現象，而且也是一種重要機能。它會使你遠離即將駛過來的火車，或提醒你別太靠近暗礁，並且把你的注意力完全集中在一個特定的問題上。一旦這個問題獲得解決時，你的恐懼便會立即消失。

恐懼會使你的身體機能集中到潛在的威脅上，穴居原始人就是最好的例子。當他們聽到什麼聲音的時候心跳就會加速，血液會集中到肌肉以供肌肉使用。靠近肌肉的血管會擴張以便接受更多的血液，而靠近皮膚的血管會收縮以免被割傷時流太多血。

所有這些反應都是為了準備進行戰鬥，這是一種非常劇烈的反應，但這種反應並不是一種恆常的狀態，因為它不是我們身體應有的正常狀態。然而有些人每天都處於這種狀態或甚至持續一段長時間，因為我們經常生活在恐懼之中。

你必須設法排除引起恐懼的原因：

害怕失去金錢：你是否訂定一套方法，來保護和開拓你的資產？

害怕病痛：你是否徵詢過顧問的意見，並遵循這些意見？

害怕失去愛：你是否像是追求事業一樣地做一些努力，以增加你們之間的感情？

害怕死亡：你是否尋求幫助，並且了解以信心取代恐懼的適當時機？

引起恐懼的原因很多，但是如果你能培養積極態度，並且能發展出健全心裡的話，就必定能戰勝恐懼和焦慮。

如果你的心中不斷地出現同樣的恐懼和焦慮時，不妨請教一下專家的意見。你這樣做並不表示你是軟弱的人，相反的，這正表示你是一個成熟而且注意自己健康的人。一小段時間的治療會為你帶來長時間的快樂。

記住，凡是人心裡所能想像，並且相信的，終必能夠實現。一個害怕在冰上滑倒的人必定會滑倒在冰上。如果你的心中一再重複出現恐懼感，你就會愈來愈怕你所恐懼的事物。你應該在被恐懼征服之前先征服恐懼。

積極態度的力量

驅除恐懼的最好方法就是培養積極態度。

一位法國心理學家教我們一個培養積極態度並保有健康意識的簡單方法。每天對自己說：「每一天，在每一方面，我都愈來愈好。」你應每天多次對自己重複說這句話，直到它印在你的潛意識中為止，接受它並且去履行它。

這是一項簡單但很有效的自我暗示方法，但這個方法的成敗全憑你對這句話的信仰程度而定。而建立信仰的最好方法，就是使這句話成為你心境（mental environment）的一部分。

記住，你的內心會受到周遭環境的影響，如果你在周遭環境中注入正確的意念時，則你就會深深相信這些意念。

飲食習慣

食物的功能在於供給我們活動所需要的能源，你的飲食習慣應該以此為唯一目標。如果把消化系統想像成一座工廠，為了要使它能正常運轉，就須供給它不同的原料。如果配料不當，工廠就很可能無法完成製造任務，或是製造出一些有瑕疵的產品；甚至有些原料會積存在各個角落，以致工廠的牆壁開始變形，最後牆崩屋垮。整個工廠不是完全不堪使用就是需要進行重大修繕。

隨著科學家對人體愈來愈了解，關於食物營養方面的資訊也愈來愈豐富，你應該隨時注意有關飲食的新資訊。以下是幾點可幫助你達到飲食平衡的方法：

1. 新鮮蔬菜應該佔飲食中較高比例，含有相當豐富的維他命和高效物質，而人體最容易吸收這些物質。
2. 碳水化合物，諸如麵包、穀物和馬鈴薯等，不可吃太多。
3. 蛋白質（諸如瘦肉、魚和乳酪）是非常重要的食品，但也不宜吃得太多，每天取用適量即可。
4. 避免油性食物，限制奶油和食用油的食用量，並且拒絕油炸食物。同時也應避免吃糖，像是糖果和可樂之類。

此外你還應攝取不同的食物，以供應身體不同的需要，不可偏食，但應該拒絕不當的飲食方式。

切勿在生氣、受到驚嚇或憂慮時吃東西。因為當你在備戰狀態時，你的身體便無法充分吸收所吃食物的營養。尤其不可養成一緊張就想吃東西的習慣，因為這樣只會使你變胖而已。

適當地調整飲食習慣是非常重要的事，因為如果飲食過量，你的身體會承受過多的負荷，而且沈溺飲食會使你延誤一些應該立即處理的問題。如果你無法控制自己的飲食，不妨請教專家的協助。

放鬆的節奏

放鬆可使你完全忘記一天的煩惱和問題，雖然每個人都有放鬆的必要，但就是有人無法放鬆自己。

你的意識會挑選一項目標做為你注意力集中的對象，這意謂著你的內心已排除其他所有事情。因此，你不會因為躺在躺椅中說一聲：「我放鬆自己。」就能真正放鬆自己。因為你的心思還是環繞著一個既定問題在打轉。你必須找一個放鬆的目標，並使你的注意力集中到它身上，才能達到真正放鬆的目的，例如放風箏、園藝、讀小說或做任何其他能吸引你注意的事情。

看電視和到酒吧喝酒並不能使你真正放鬆。你應該培養不同的興趣，以使你的思想能換換口味。練習坐禪會為你的精神力量帶來不可思議的好處。體力勞動可能也是一項你樂於從事的活動。你不但要放鬆你的心理，同時也要放鬆你的身體。

一天之中能有短暫的休息可解決你的緊張並給你的潛意識有活動的機會。放鬆自己並不是偷懶的表現，反而是使你的心理保持在最佳狀態的良方妙藥。

睡眠

你的身體需要為第二天的活動而充電，希望以減少睡眠的方式增加白天工作時間是最不明智的想法，一個人每天需要六到八小時的睡眠。記住，即使當你睡著時，你的潛意識依然在持續活動。

失眠通常是因為在睡覺前無法放鬆自己所造成的症狀。切勿一直到你精疲力盡時才停止工作。你應該在一天快結束時，做一些你喜歡做，但又不會造成太大刺激的事情（所以在睡覺前運動並不適當）。你可以和你的另一半聊聊天，或是刷刷牙（時間可拖長一點），整理床鋪，這些動作會傳達一種訊息給你的身體，告訴它現在是睡覺的時候了。

運動

最理想的情況，是把運動當作放鬆自己和娛樂的一種方式。放鬆和娛樂對你內心的能力有很大的影響，而運動除了能保持身體健康之外，對精神同樣也會有所幫助。

你應每週至少做三次體操，每次二十分鐘。運動是身體和心理最好的刺激物，它對於清除負面影響因素方面有很大的助益。體育訓練已成為了解人類潛力的重要方法，並且可以培養出一些有助於你追求成功的技巧。

性和昇華

性是人們最寶貴且最具有建設性的推動力，它也是最容易被貶抑的。性是所有創造力的支柱，而且也是促使人類進步的力量。性建立了家族、國家和宇宙。性怎麼會有這麼大的力量呢？因為性的欲望使我們願意為他人服務，並且從性的欲望中，表現出對他人的體貼和諒解。

性是最自然的欲望，不要對它有所恐懼或拒絕它。但是就像對待所有其他欲望一樣。你必須導引性為明確目標做出貢獻，而不可將性本身當作目標。如果你把性本身當作目標的話，就會不惜為了得到它而做出任何事來，並且會忘記你的自信心、明確目標以及道德標準。

當你想要得到性時，切記，不能有不勞而獲的想法。在建立致力奉獻關係的基礎上，透過建設性的作法，才能增益性的親密感。若你能從創造和付出致力奉獻關係的層面上，來引導性的慾望，則你不但可以得到性，而且還能達到高度的成就。

為了得到最大利益，你應交替表現性和昇華二個節奏模式，就像工作和娛樂一樣。

有效的身心刺激物

你的身心隨時都需要推動力，而在你平常所做的事情當中，就有許多具有良好的推動效果，你只需要去了解它們的效力，並且使它們發揮出來就可以了：

1. 性的表白或經昇華後的性推動力能鼓舞你的心靈。它可使你的心靈快速、良好並以真正可行的構想發揮效用。

2. 愛（性慾的終極目標）也具有同樣的功能。當二者結合在一起時，必可戰勝所有艱難險阻。

3.能鼓動你熾烈的、縈繞於心的意念是強有力的刺激物。

4.勞動是發揮創造力的最佳機會，做一些明確且又能令人感到滿足的小動作，例如打個電話或寫張謝卡等等。

5.運動可消耗過多的精力，驅除挫折感，並且可經由更多的血液和氧氣刺激大腦。

6.少量的娛樂就可讓潛意識發揮作用。

7.音樂充滿了韻律、節拍與波動，你可藉著音樂燃起熱情或幫助你平靜下來。

8.友情是偉大的刺激物，和你的朋友談論你的問題，一起哭泣和歡笑。

9.子女也會對你產生激勵作用，你應和子女建立緊密的關係，並且盡可能多給他們一點時間。教你的孩子一些技巧，並且重新振奮你的自信心。讓他們和你說話，並且更新他們對你的信任心。

10.智囊團是有力的刺激物。當你需要推動力時，不妨借重他人的熱情和經驗。共同承擔困難可使他人貢獻心力，並導引他們解決困難。

11.自我暗示會將你所希望的觀念，注入到你的內心裡。當你需要它時就使用它。

12.信仰和宗教是最高貴的刺激物，接受它們對你做出的保證，並更新你的使命感。

心理和身體健康是不可分的，當你強化其中一項時，另外一項也會同時受到正面的影響。心理和身體就好像航行者和船，共同將你載往你所希望的成功目標。

第十七章

運用宇宙慣性定律

每個人都因為自己所培養的習慣，而成為與他人有所不同的個體。

本書的目的在於強迫你審查自己所有習慣，並告訴你改變習慣的方法，為了達到這個目的，你必須了解並且運用一個宇宙原理，我把這個原理叫做「宇宙慣性定律」（cosmic habit force law）。

宇宙慣性定律是一種使所有生物和所有事物，都臣服在環境影響之下的定律。這個定律可能會對你有利或可能對你不利，結果如何端視你的選擇而定。

運用宇宙力量

宇宙慣性定律的最佳例子就是天象的運轉。行星像時鐘一樣地運行著，它們不會撞在一起，也不會突然偏離軌道。複雜的地心引力和慣性作用、吸力和推力系統，使行星得以非常精確地運行著，以至於人類自數千年以來，就能夠預測各行星的位置，日蝕和月蝕的時間以及流星雨的規律性。

蘿蔔籽不會長出向日葵，長頸鹿不會生出蝌蚪，雲霧也不會凝降牛奶，萬事萬物都遵循著自然定律而行。

這就是宇宙秩序所造成的結果，它使得我們了解地球上的許多物理運行現象。當然，我們將繼續發掘人類還不了解的現象，科學就是以對這種宇宙秩序的信心做為基礎的。所有的行為和反應都是根植於宇宙秩序的基礎上。

在成功學中，你必須藉著控制你的習慣，來控制這個秩序。你的思想和行為，將成為本性自然的一部分，就好像冥王星的運行軌道，是它本性自然的一部分一樣。如果你能養成積極的習慣，則它所種植的種子也將是積極的。如果你培養出消極習慣的話，則這些習慣所撒播的種子也將是消極的。這就是為什麼你必須經由自律控制你的習慣的原因。習慣是經由你的反覆行為，而變為本能的一部分。如果你經由一再反覆，在你的思想中創造某種觀念時，宇宙慣性力量就會接收這些思想模式，並使它們變成一種永恆（但這種永恆的持久性，必須視你反覆和實踐的密集性而定）及發揮效用，在物理慣性作用上也有相同的現象。

如果你能在每天的工作上反覆同一行為，就能使它變成一種習慣。你可能不知道你已培養出一種習慣，但是當你把同樣的行為運用到其他方面時（例如購物或訪友），就會發現它的存在。如果在你邁向成功之路的過程中沒有注意到這一點，很可能會錯過成功的轉機，甚至可能會連你的任務都忘記了。這就是為什麼你必須知道你的習慣並且控制它。如果你的心理習慣（mental habit）是貧窮，則宇宙慣性定律就會帶給你貧窮；反之，如果你的心理習慣是興盛和平，則你就可從宇宙慣性那兒得到興盛和平。

宇宙是一個永無止盡的循環過程，反覆一個習慣可強化這個習慣，並且最後使它變成一種執著，你可自行選擇執著於貧窮或是成功。這就是為什麼我一再強調「思想是你唯一能完全掌控的東西」的原因，你必須控制你的思想，並進而控制你的習慣。

宇宙慣性力量不給你抱怨「從來沒有機會」的餘地，只要你有形成和表達思想的力量時，你就有能力按照你的希望改變生活環境。

如果你的生活還不是你所希望的那種樣子，就表示你已被宇宙慣性定律限制在目前的環境中。但你可以改變它，以宇宙慣性定律為後盾，並且因為自律和進取心的作用所強化的明確目標，會把你帶到你所希望的環境中。

賺錢的習慣

你所希望的環境之一就是能使你賺錢的環境，不是嗎？讓我們來看看如何利用宇宙慣性定律來創造這個環境：

步驟一：明確地訂出你想要賺的金額。「很多」不是個好答案，你應具體地說出一個數字或訂出高於你目前收入的一定百分比。

步驟二：想像一些有錢之後你想做的事情：買房子、送兒女去唸醫學院或舒服地過退休後的日子。訂定這些目標的目的在於弄清楚你的推動力量是來自十個基本動機的哪一個動機。你賺更多錢的動機愈強，推動它的力量也愈強。

步驟三：確定你賺更多錢的方法，我一定強調你不可能不勞而獲的，你必須有一定的計畫。

步驟四：寫下你的目標、計畫和你賺更多錢的動機。不要只寫「我想過安穩的退休生活」，而應該寫「我想在不舉債的情況下買一棟房子；我想一年能夠旅遊並探望我的家人三次」之類的話。訂定開始執行計畫的時間，簽定你的計畫，使它成為自我的一項契約。

步驟五：在你的計畫中，所有你應該做，但現在沒有做的事項下面畫一條線，並用另一張紙把這些事項寫下來。

步驟六：開始做這張單子所列的事項，其中有些可能在平常就應該做的事情，例如少出去吃晚餐以便節省一點，或是多存一點錢等。有些則屬於必須每天都有所進步的遠程目標，例如在工作上要求自己加倍付出等，你必須集中所有努力和思想來做這件事。

步驟七：每天都要大聲地對自己唸一次你的目標。在你睡覺前，開始工作前，回家吃午飯時，工作結束後以及起床時都應在腦海裡反覆一次。

上述步驟的目的，在於給宇宙慣性力量一個可賴以遵循的固定模式。你的信心度與熱情度決定了你的心理調適成積極狀態所需要的時間。所有積極習慣都是以明確目標為導向之意志力的產物。

如果你只告訴自己：「有一天我一定要賺到一百萬元。」就等於是在說：「我對我的目標還不確定。」這種不確定的話，使得宇宙慣性定律無法給你任何幫助，因為它沒有一個明確的固定模式可以遵循。

如果你說「我要在六個月之內賺到一百萬元，我要執行X、Y和Z計畫去實現它」時，宇宙慣性力量便有了一定的模式可以遵循。但是它必須透過你的思想和行為的導引，才會真正去遵循這個模式，如果你不去實踐，X、Y和Z計畫的話，宇宙慣性力量也無法發揮作用。

保留彈性的習慣

當你在製作計畫時，應保留足夠的彈性，以便當你得到靈感時，有修改計畫的餘地，這裡的一個關鍵字是「靈感」。當你開始執行計畫並培養信心時，無窮智慧很可能會給你一份更完善的計畫。你應善待這種靈感，因為它將會使你的計畫更加完善。

千萬別小看你的第六感，如果你一再地告訴自己「今天我想了一個很傻的點子」，很快地你每天就只會想一些很傻的點子。當你的腦海中閃現出第六感時，你應立即把它記錄下來，並且仔細地研究它。切勿因為這種憑直覺所產生的點子，是你未曾想到過的，或是不符合你的現況就拒絕它。宇宙慣性定律的目的，在於使你的習慣為你服務，切勿讓你的習慣限制了你的機會、耐性、信心和熱情。

美國運通公司在一九八〇年代的簽帳卡業務非常成功，它的簽帳卡已變成一種地位象徵。而數百萬新會員爭相簽署簽帳卡合約，之後有愈來愈多的行業，也採用了簽帳卡的經營方式。但它們的著眼點則在於賺取會員們的錢，之後當經濟情況發生變動時，美國運通公司的習慣，卻仍然沒有改變。

當人們因為經濟不景氣，而必須謹慎使用每一分錢時，便從需要高額費用的美國運通公司簽帳卡，轉向不需要收取費用，且提供幾乎相同利益的 Visa 卡以及 Master 卡。商人們也因為美國運通公司對每一筆簽帳，所收取的費用高於其他簽帳卡而感到生氣，更糟的是，它對於商家的授信速度太慢。

結果持用美國運通公司簽帳卡的人數急速下降，在波士頓甚至有一群餐館老闆為了抗議該公司對商家的政策，而共同抵制該公司。結果該公司的利潤消失了，取而代之的則是虧損。

就在這個時候，宇宙慣性定律發揮了作用，美國運通公司不管消費者的抗議，依然實行其原來的政策。到了最後出現了迫切的危機，那些使簽帳卡「成為」主要簽帳卡的習慣，並非就能使該簽帳卡「保持」主要簽帳卡的地位。結果美國運通受制於習慣，而非掌握習慣。

無論你有什麼樣的習慣，宇宙慣性定律都會實現這些習慣。但只是培養良好習慣，並且任憑它自由發展是不夠的，你必須時時警覺習慣的影響，並且在出現能產生更好效果的習慣時，願意改變原來的習慣。

負面習慣

諷刺的是，當你養成了下列任何一種習慣時，最後都會為你帶來一些挫折，以激發你改掉這些習慣。當然，如果你肯定自我反省，找出這些消極習慣，並且用積極習慣來取代它們，你就可以避開因為這些不良習慣所帶給你的挫折。

- 貧窮
- 行屍走肉
- 虛榮心
- 無病呻吟
- 暴躁
- 自大
- 懶惰
- 報復
- 犬儒主義
- 羨慕
- 嫉妒
- 虐待狂
- 貪婪
- 不誠實

正面習慣

你可以用下列任何一種習慣取代上述習慣：

明確目標：這是最重要的習慣，可使你更具有警覺心、想像力、熱情和意志力。

信心：讓你的內心充滿積極觀念，並且排除所有消極影響因素和恐懼，信心可使你產生自律的習慣。

進取心：你應該在別人尚未催促你時就主動把事情做好，百折不撓的精神將使你更容易做到這一點。

熱情：你應該具備的是「受到控制的熱情」。你應以自願的態度接受它，並在發現它的表現不適當，或甚至會為你帶來危險時澆熄它。

自律：這是一種循環過程，你運用它的次數愈多，就愈能擁有它。

加倍付出：立即開始做一些不要求立即回報的工作。在開始時你可能必須要求自己才能做到這一點，但久而久之，這種自我要求將會變成一種習慣。

強化意志力

在討論自律的章節中，你已經學到了意志力的來源——自我。培養能被宇宙慣性定律接收的積極習慣，受到意志力很大的影響，以下將告訴你強化意志的步驟：

步驟一：主動地和那些能幫助你訂定明確目標的人來往，建立智囊團有助於創造諸多可供宇宙慣性力量遵循的模式。

步驟二：制定你的計畫並從所有智囊團成員那兒尋求知識、能力和他們的信心力量。

步驟三：遠離使你產生自卑感的所有人和環境。消極的環境不可能培養出積極的自我。記住，宇宙慣性定律會使人完全受到他周遭環境的影響。

步驟四：切斷和過去不愉快經驗的通路。強烈的意志不會老是眷戀過去，自我會因為對於尚未達到的目標抱著強烈的欲望而更有活力。如果你的內心一直處在這種強烈欲望的狀態，則宇宙慣性定律就會將這些強烈欲望化成實質的等量利益。

步驟五：利用一些可能的方法使內心充滿明確目標的念頭，在牆上掛一些信條、箴言，或掛一些可做為模範的圖。你應在心中產生一種可實現目標的影像，這些影像愈清晰，宇宙慣性定律就能愈快接收，並且會更快速地印在你的潛意識上。

步驟六：切勿膨脹自我。只要有些微差錯，就可能使你偏離想要達到的目標。

宇宙慣性定律的三個要素

在主動培養習慣的過程中必須具備三個要素：

◆可塑性

這是「變」的能力，它同時也意謂著，在出現下一次改變之前應該保持不改。想想看黏土和水銀的不同，這二種物質都具有可塑性，但是前者經過塑造之後就保持你所給予的形狀，而後者可以在瞬間改變，之後卻無法保持一定的形狀。

你可因為受到環境的影響而改變，或由自己決定來改變。

◆重覆的頻繁性

重覆是習慣之母，它是決定形成習慣快慢的一個決定性因素。重覆能力因環境的影響而不同，工作可能使你必須把大部分的時間花在任務的執行上，並因而使你只能利用餘暇才能培養習慣。進取心對重覆的影響也很大，如果你的個性懶惰，就不會主動培養出某種習慣，這當然會延緩你養成習慣的時間。

◆印象的強度

你可以只是不在意的做某個動作，也可以集中精神做這個動作，集中注意力可使你更快速地培養出一種習慣。如果你能把習慣印在你的潛意識上的話，它就會變成你所做的任何事情的一部分。

一位在電子裝配廠上下午班的婦女，在六點和十點半各有一次十分鐘的休息時間。

她的大多數同事都利用這個時間抽菸，但是她為了不染上這個壞習慣，而在這兩次休息時間裡吃一些小點心。她所吃的都是家裡菜園所種的紅蘿蔔、蘋果等。

她能配合工廠的作息時間，表示她已具備可塑性，這是每個人都有的天性。她每天都準時在六點和十點半吃一些小點心，就表示她已在進行一定的重覆行為。

她的飲食強度受到飢餓程度的影響，如果很餓就會多吃一點。有的時候她在上班前並沒有吃東西，這使得她在休息時間吃得更多。但是無論飢餓的程度如何，她都會吃一些點心。

幾個月之後，她發現無論在上班前吃了什麼東西，休息時間一到她都會覺得餓。而且，當她的菜園沒有什麼東西可摘時，她也會在上班時帶一些其他的食物。

雖然，這是她自願培養出來的習慣，但卻不是一種好習慣，她發現體重不斷上升，而且因為她在休息前，常常看著時鐘等著休息時間的到來，故久而久之在休息前半小時，她便已無法專心工作。所以她決定改掉這個習慣，但這並不容易。因為，雖然她不再帶食物上班，但是仍然可在工廠的販賣機中買到食物。這不但使她無法停止吃東西，而且花更多的錢在零食上。

此時，她真的必須控制她的心理了。於是她便訂定一個明確的目標，以便改掉不良習慣：她決定以閱讀來取代吃點心。當然，閱讀的重覆頻繁性，和以前吃點心的情形是一樣的，只是強度不同罷了。在剛開始時，她仍然有想吃點心的強烈欲望，但是久而久之她的閱讀習慣勝過生理欲望。最後培養出一種新的習慣，並取代原有的習慣。

任何無價值、多餘且有害的習慣都可被打破，並且以另一種更強烈的欲望取代，整個成功學的核心就在於這個概念。宇宙慣性定律是使十七條成功定律融入你生活中的手段。控制你的態度，以自律為手段保持思想在積極狀態，並且整理你內心的土壤，使它得以藉著重覆行為和強烈的印象，栽培出有價值的計畫、目標或欲望。這些計畫、目標或欲望會發芽、生長、找到表現的機會，並進而帶給你一生中希望得到的任何東西。

凡是你心裡所能想像，並且相信的，終必能夠實現。

第十八章

十七條成功定律總整理

迅速回顧

以下我們將先回顧一下十七條成功定律，每個星期請做一次反省，是否按部就班地使自己在每一條定律上都有所進步嗎？如果你能定期地反省一下你為這些定律所付出的努力，就比較不會因內在或外在環境的影響而陷於危機。

1. 積極的態度（Positive Mental Attitude, PMA）。
2. 設定明確目標。
3. 自律。
4. 正確的思考。
5. 加倍付出。
6. 加倍努力。
7. 建立智囊團。
8. 運用信念。
9. 愉快的個性。
10. 充滿熱情。

11. 專心致志。
12. 團隊合作。
13. 記取失敗教訓。
14. 創新思維。
15. 精打細算時間和金錢。
16. 保持身心健康。
17. 運用宇宙慣性定律（宇宙通則）。

評估與調整

下面將總結使十七條成功定律成為你生活一部分的步驟，看完各定律的總結說明之後，利用末尾的空白欄寫下你計畫實現各定律的詳細行動。

總結說明中也會給你一些實現各定律的具體建議，例如你可以在明確目標項目中寫一個明確目標。

寫下你將會設定一明確目標，擬定達到目標的計畫，並且會每天大聲地把計畫唸給自己聽。如果你能寫下擬定計畫的日期，那你就是對自己提出了一項承諾，而這個承諾會為你帶來更多的推動力。

因此，不要拘泥於總整理所建議的事項。你應針對一部份建議做一些必要的變動，並盡可能詳細地記錄你應做的事情。

幾週或幾個月之後，你可再回顧一下這份記錄，並且檢驗一下哪些方面已有了進步，以及應該調整哪些承諾。

1 培養積極態度

首先，積極態度是一種對任何人、情況或環境所把持的正確、誠懇而且具有建設性，同時也不違背上帝律法和人類權利的思想、行為或反應。

積極態度允許你擴展你的希望，以及克服所有消極態度，它給你實現欲望的精神力量、感情和信心。積極態度是當你面對任何挑戰時應該具備的「我能……而且我會……」的態度。

以你自行選擇的動機為基礎，藉助意志力培養並且保持積極態度。為了達到此一目的，你應了解並且運用聖經愛的「黃金律」（Golden rule）。體諒別人的反應，並對這些反應抱著敏感的察覺能力，藉著控制情緒反應，敏感地察覺自己的反應，做一位好的發現者。相信自己可以達成任何目標，發揮所有正確的思考和行為習慣。

積極態度是邁向成功不可或缺的要素。積極態度加上明確目標，再加上另外十五條成功定律中的任何一條或數條，便可保證你的成功。

保持積極態度。

我對於在生活中運用此條定律的承諾為：

2 以積極態度（PMA）設定明確目標

◆成功的起點

你應設定一個高水準、理想而且耀眼的目標，並且時時把它放在腦海，你可設定一些彼此不衝突的輔助目標，來幫助你達成此一主要目標。最好你訂出近程、中程和遠程目標，當你訂出了主要目標之後，就會知道應設定哪些次要目標，來促成主要目標的實現。

務必要明確且正確地把欲望深植在腦海。

設定一個達到目標的明確期限。

為你的目標制定一個明確可行的計畫，並且立即開始行動。

在計畫中具體地寫出你想得到的是什麼？你想何時得到它？以及你將為成功付出什麼代價？

每天早晚對自己大聲唸一次你的計畫。當你在唸時，應感受並且相信你已達到你的目標。

你應定期回顧並反省你是否仍然朝著正確的方向前進？是否已偏離引領你邁向成功之路的軌道？

為了確保成功，你應每天以積極態度對於你自己、你的家人以及如何達到明確目標等事項進行研究、思考和安排時間。

凡是你心裡所能想像，並且相信的，終必能夠實現——當你擁有並運用積極態度之時。

我對於在生活中運用此一定律的承諾是：

3 以積極態度強化自律

自律使你得以控制自己。自律以控制自己的思想和行為做為開始。人的成功和失敗都是習慣的產物。雖然我們都具有一定的習慣，但由於人類是會思考的動物，故我們也都有能力改變既有的習慣。

在培養及保持思考習慣，以便固守且達到明確目標方面，最重要的可能就是自律。如果你無法控制自己的意念，就無法控制自己的行為。人是先思考而後才行動的，自律能使你塑造出思維模式，以期配合你所設定的明確目標。

指導你的思想，控制你的情緒，並且以積極態度導引你的命運。

我對於在生活中運用此條定律的承諾為：

4 以積極態度進行正確的思考

正確的思考必須建築在二個重要的基礎上：

1. 以對未知事實的假設或假說為基礎的歸納推理。
2. 以已知事實或公認的事實為基礎的演繹推理。

正確的思考和常識有一部分是來自於我們的經驗。當你為了達到明確目標，而學習各項成功定律、學習定律和定律之間的關係，徹底了解這些定律，並且加以運用，便可從你自己以及他人的經驗中體會出一些道理。

1. 辨別事實與虛構或傳聞的證據。
2. 把事實分為重要與不重要兩大類。

你應該對他人的意見抱持審慎的態度，這些意見可能具有危險和毀滅性。你應確定你的見解不至於受到他人偏見的影響。

具有正確思考能力的人，都會學習運用自己的判斷力，並且對於外在的任何影響，都抱持著謹慎的態度。

無論是封閉自己的心，或是故意忽視或拒絕相信，事實還是事實。

我對於在生活中運用此條定律的承諾為：

5 以積極態度加倍付出

以積極的態度提供更多更好的服務，並養成加倍付出的習慣，你所播下的每一顆服務的種子，都必將會結成數倍的果實，並且為你帶來豐收。

這一條定律必會應驗在那些以信心和智慧付出努力並遵循這條定律的人身上，它可使你成為不可或缺的人物，這條定律具有兩個重要定律：「補償律」和「報酬增加率」。它們會應驗在努力付出卻不計較是否有立即回報的人身上。

$Q^1+Q^2+MA=C$

服務品質加上服務量，再加上提供服務時所表現出來的態度，等於你可得到的回報以及在別人心目中的重要性。

培養以積極態度來加倍付出的習慣

我對於在生活中運用此條定律的承諾為：

6 以積極態度加倍努力

努力進取是發動所有行動的內在力量，是促使行動者貫徹始終的力量，也是使人從想像轉化為行動的發電機。

進取心事實上是一種自我激勵的力量。

「激勵」是一種引發行動或決心的力量，它是動機的來源。動機是一種個人的內在鞭策，例如一個念頭、一種情緒、欲望或一時的衝動，它是一種希望或其他為了造成一定結果而發動的力量。

當你學到可以激勵你的定律時，你也將會學到可以激勵他人的定律。

以積極態度激勵自己，「希望」是激發力量中的一項神奇要素，但是成功的秘密則是「起而行」。

積極激勵自我，現在就做！

我對於在生活中運用此條定律的承諾為：

7 以積極態度建立智囊團

智囊團是指兩個或更多個心靈，以完美的和諧精神共同為達到既定目標而協同努力的結合。

這條定律使你得以經由和他人的合作，獲得並利用為了達到目標所必要的知識和經驗。

你可藉著接受那些願意以完美的和諧精神，熱心提供你幫助的人的忠告、建議和合作，與他們結合建立智囊團。

你可以和配偶、經紀人、朋友和同事等組成智囊團。一旦智囊團成立後，整個團體必須變成有活力的團體，而且必須一直保持活力。這個團體必須依照明確的計畫、明確的時間，為一明確的共同目標奮鬥，猶豫不決、被動和拖延將會毀掉整個團體，各成員必須毫無保留的為團體目標做出奉獻。

你可以依不同的目標建立不同的智囊團。例如，你可以為了家庭目標，而和配偶建立智囊團，為了財務目標而和投資顧問建立智囊團，或為了你的精神目標而和牧師或其他神職人員建立智囊團。

我對於在生活中運用此條定律的承諾為：

8 以積極態度運用信念

信念是一種心理狀態，能將你的目標、欲望、計畫和意向，轉變為實質或財務利益。運用信念意謂著「行動」，亦即在任何情況下都能有運用信念的習慣，信任上帝、自己、親友以及在你眼前晃動的無限機會。

沒有行動的信念必然會消失，信念是一種藉著行動而產生信仰的藝術。信念是堅毅行動的產物，恐懼和懷疑都是信念的死對頭。積極地運用信念，是使你得以和無窮智慧直接溝通的關鍵之門。

運用信念是一種對於以徹底行動為後盾之對象或目標的信仰表現。如果你想得到結果，就嘗試禱告吧！你應在禱告時表示你的感謝，感激你已得到的幸福；接著要求上帝給你幫助。每天早晚以禱告來穩固你所渴望的目標，想像你已擁有希望得到的東西，並且以好像已經得到它們一般地採取達到目標的步驟。想要擁有任何目標，首先要運用內心的想像力。

禱告是最偉大的力量。

我對於在生活中運用此條定律的承諾為：

9 以積極態度培養愉快的個性

你的個性特質是最大的資產也是最大的負擔，因為它接受了所有你能控制的東西：心理、身體和靈魂。個性塑造了你的思想、行為以及人際關係，它同時也圍起了你在這個世界上的空間界線。

你應培養出一種愉快的個性——使你自己快樂，也使別人感到快樂。你不但應對於其他人的言行、環境和事件，抱著養成一種敏感反應的習慣，同時對於他人對你的言詞、思想或行為的反應，也應抱持敏感的態度。愉快個性的積極因素：

積極態度　　運動家精神
包容力　　誠懇
警覺性　　幽默感
通俗禮儀　　微笑
喜歡和人交往　　熱情
彈性　　控制脾氣和情緒
機智　　耐性

個人魅力　　　　　　適當的儀容
給人好感的說話語氣　控制臉部的表情

你希望別人如何對待你，你就如何對待別人。

我對於在生活中運用此條定律的承諾為：

10 以積極態度控制你的熱情

沒有熱情的人，就如同沒有發條的手錶一樣缺乏動力。一位在教授神學的教授說過：「成功、效率和能力的一項絕對必要條件就是熱情。熱情這個字源自於希臘文，字義是『神在你心中』的意思。一個缺乏熱情的人別想贏得任何勝利。」

為了使你對所設定的目標產生熱情，你應該每天都將心思集中在這個目標上，如此日復一日，你就會對目標產生高度的熱情，並且願意為它奉獻。記住威廉・詹姆士（William James）的一句話：「情緒未必會受理性的控制，但是必然會受到行動的控制。」積極態度和積極行動可升高熱情的程度。你應該為你的熱情訂定一個值得追求的目標，一旦你將熱情導向成功的方向時，它便會使你朝著目標前進。

真正的熱情是發自於內心的熱情。話雖如此，發掘熱情就好像是從井中取水一樣，你必須操作抽水機才能使水流出來。接著水便會不斷地自動流出，你可以對你所知道或所做的任何事情都付出熱情，它是積極態度的一種表徵，會自然地從思想、感情和情緒中發展出來。但更重要的是：你可隨心所欲地從內心喚醒熱情。

積極行動，發揮熱情。

我對於在生活中運用此條定律的承諾為：

11 以積極態度專心致志

專心致志就是控制內心力量的具體表現，同時也是自律的最高形式。所謂專心致志是指調和所有內心能力，以達成明確目標的行為。只有透過最嚴格的自律才能完成此一行為。

當你自願把注意力集中到明確目標上，並且強迫你的內心透過平常的思考習慣，投射到這個目標時，你就是在調整潛意識，以便為此目標貢獻力量。當注意力集中到明確目標上時，此一注意力便變成一種媒介，你可藉此媒介積極地運用自我暗示（suggestion）定律。

即使在睡覺時，人的思想仍然處於活動狀態，我們的思想會不斷地對外在的影響因素產生反應。因此，專心致志的目的，就在於使你不斷地思考達成明確目標的可行之道。

專心致志是自我控制的最高表現，如果一個人能制服自己的心，那就沒有什麼不能控制的了。

將注意力集中在渴望的事上，專心致志，並且遠離你不想看到的。

我對於在生活中運用此條定律的承諾為：

12 以積極態度激發團隊合作

團隊合作，是一種為達到既定目標所顯現出來的自願合作，和協同努力的精神。若團隊合作是出於自發性的意願時，則必將產生一股強大而且持久的力量。

團隊合作可調和團隊成員的所有資源和才智，並且會自動地驅除所有不和諧和不公平現象，同時會給予那些誠心且大公無私的奉獻者適當的回報。

團隊合作和智囊團定律的不同之處，為前者的出發點在於調和各方的努力，但這些努力未必具有明確目標或和諧；而後者則以成員之間的明確目標，以及和諧為重要因素。

雖然團隊合作會產生力量，但是力量的凝聚是否只是一時現象或具有永久性，就必須視激發合作的動機而定了。若成員之間的合作是以自願性的動機為基礎時，則在此一動機消失之前，團隊合作必然會產生持久性的力量。團隊合作能使個人和事業都有所發展，並且會提供無限的機會。在團隊合作的過程中，每個人都分享個人好的一面。

與人分享者必得到加倍回報，吝於分享者必將失去所有。

我對於在生活中運用此條定律的承諾為：

13 以積極態度記取失敗教訓

誠如前文中所強調的，凡是具有運用積極態度之人，必定可以從逆境中找出相等或更大利益的種子。

失敗可能是絆腳石，也可能是成功的踏板，最後如何，完全視你的態度和它與你之間的關係而定。

你對於挫折所抱持的態度是決定你幸與不幸的重要因素。具有積極態度的人，必然會以堅毅的精神，記取教訓。而具有消極態度的人，則以一種絕望的態度來面對失敗。

發生在你身上最不幸的事情，可能就是發生在你身上最幸運的事。

我對於在生活中運用此條定律的承諾為：

14 以積極態度創新思維

人類最大的天賦就是思考能力，它使得人類能夠分析、比較、選擇，並且能創造、想像、預見和產生新的概念。

想像是人類精神的一種活動、挑戰和冒險，它是人類成就的關鍵之鑰，也是人類努力的最主要動力和通往人類心靈的秘道。想像力激發人類追求物質的努力，同時也激發人類想出和物質目標有關的種種觀念和構想。

想像是人類內心活動的工作室，在這個工作室中舊的以及已建立起來的事實，形成新的組合，並且被應用到新的用途上。想像是一種把各種資料、知識或思想分類成新穎、具有獨創性和理性之系統的一種建設性的理智行為，同時也是一種能接受詩、藝術、哲學、科學和倫理意象之具有建設性和創造性的能力。

創新思維是一種內心世界的本能活動，或由於經由自發且無任何恐懼地運用想像力，也能培養出創新思維。所以，它也是一種後天獲得的人類特質。

創新思維並非僅限於實體的事物，它會以過去的經歷為基礎，對未來進行判斷，而它的未來關係。遠超過和過去的關係，人的想像力會受到理智和經驗的影響以及控制，創新思維則排除這些影響因素，並且產生新的觀念和方法。

增加你構想泉源的方法之一，就是培養出研究、思考和規劃的習慣。當你在思索達到明確目標的方法時，請先使自己靜下來，並且傾聽發自內心深處的那些細微且寂靜的聲音。

凡是能構想出來的事物，都能以積極態度加以創造。

我對於在生活中運用此條定律的承諾為：

15 以積極態度精打細算時間和金錢

運用智慧安排你在工作以及私人的時間和資源，對你自己及種種活動進行檢討，以期了解你把時間和金錢用到什麼地方，以及如何運用自己的時間和金錢。

研究、思考並且規劃時間的運用。

別浪費時間和金錢，所得的百分之十應用在儲蓄和投資上。要像經營事業一樣，對金錢進行預算。發揮你的智慧運用時間，以期達到既定目標。設定計畫，列出你的所得中用來支出、儲蓄和投資的部分。

除非你能以積極態度進行規劃，否則無法每次都得到你想要的東西。

我對於在生活中運用此條定律的承諾為：

16 以積極態度保持身心健康

心智是伴隨著身體才能存在的。由於你的身體受到大腦的控制，所以，想要得到健康的身體就必須具備積極態度，亦即健全的意識。務必在工作、娛樂、休息、飲食和研究（study）方面，都能培養出良好而且平衡的健康習慣。為了保持健全的意識，應從良好的生理健康，而不應從病態或不健全的角度進行思考。記住，無論你的思想集中在哪一方面，它都能使這方面的事情成真——包括經濟上的成就和身體的健康。

為了使自己能以積極的態度培養及保持健全的意識，請發揮你的自律能力，務必使你的內心遠離消極思想和消極影響因素，並且要創造和保持平衡的生活，工作之後應娛樂，思想活動之後應從事體力活動，嚴肅之後應保持幽默，如果能持之以恆，必能保持良好的健康狀況和快樂的心情。

如果你能以積極態度來生活，便能得到健全的心理和健康的身體。記住，具有積極態度，便可以享受健康長壽的生活。

我感到健康！我感到快樂！我覺得棒極了！

我對於在生活中運用此條定律的承諾為：

17 以積極態度運用宇宙慣性定律

宇宙慣性定律和整個宇宙具有一定的關係。宇宙經由一定模式或慣性，而達到平衡的定律，宇宙慣性定律是一種迫使所有生物和物體受其環境影響的定律（包括人類的生理習慣和思維習慣）。

宇宙慣性定律，是當你運用宇宙定律或原則時，連同積極態度一起應用的力量。當你運用你內心的力量（無論意識或潛意識）時，同時也在運用宇宙慣性定律，而這就是你思考、致富或實現任何你所希望，而且不違背上帝律法，或同胞權利之欲望的方法。

我們所有人都受到習慣的約束，當思想和經驗重複的次數愈多，習慣對我們的約束也就愈深。你有控制自己思想的絕對權利，人類經由反覆一定觀念或行為而創造了思考模式，這些思考模式最後會被宇宙慣性力量定律接收，並且使它們保持或長或短的持續性，直到你有意識地再重組這些模式為止。

習慣有好有壞，有許多習慣是你已知的，也有一些習慣是你所不知的。你內心中的每一項人、事或物不是存在意識，就是存在潛意識之中，而你可適當地運用你的思想任意發展、淡化或變更這些人、事或物，你確實具有這種力量。

人類確實受到習慣的約束，排除一個習慣之後，又會再出現一個新習慣，務必要培養有助於你達到明確目標的積極習慣。

播下行為的種子，你就會收割習慣；播下習慣的種子，你就會收割性格；播下性格的種子，你就會收割一定的命運。

我對於在生活中運用此條定律的承諾為：

國家圖書館出版品預行編目（CIP）資料

拿破崙.希爾成功定律 / 拿破崙.希爾(Napoleon Hill)
作 ; 葉凱新譯. -- 初版. -- 新北市 : 世潮, 2019.04
面 ;　公分. --（暢銷精選 ; 73）
珍藏版
譯自 : The law of success

ISBN 978-986-259-058-4（精裝）

1.職場成功法

494.35　　108003109

暢銷精選 73

拿破崙・希爾成功定律　珍藏版

作　　者／拿破崙・希爾
譯　　者／葉凱新
主　　編／羅煥耿
編　　輯／黃敏華、翟瑾荃、陳文君
封面設計／辰皓國際出版製作有限公司
出 版 者／世潮出版有限公司
地　　址／（231）新北市新店區民生路 19 號 5 樓
電　　話／（02）2218-3277
傳　　真／（02）2218-3239（訂書專線）
（02）2218-7539
劃撥帳號／17528093
戶　　名／世茂出版有限公司　單次郵購總金額未滿 500 元（含），請加 60 元掛號費
世茂網站／www.coolbooks.com.tw
排版製版／辰皓國際出版製作有限公司
印　　刷／世和彩色印刷股份有限公司
初版一刷／2019 年 4 月
十刷／2021 年 8 月

I S B N／978-986-259-058-4
定　　價／350 元